JN007268

心を裸に

塩谷灯子
Toko Shioya

幻冬舎MC

神縁（しんえん）

心を裸に

装画　塩谷灯子
装丁　村上次郎

目次

はじめに

私は今、七十歳をちょっとばかり過ぎた中途半端に平凡な主婦だ。九州で夫と共に時々喧嘩しながら仲良く暮らしている。二人の子供は既に独立していて、少々変わった仕事をしながら毎日を送っている。そんな私がバブル景気に日本中が浮かれていた頃から、バブルが弾けて日本経済が暗転した頃に経験したある出来事によって、「神との縁」に気づいた経緯を認めようと思ったのは何故だろうか。

もとより宗教的なことが大の苦手だった私が、神とか、霊界、神霊の世界といったことを語ったとしても、誰も耳を貸そうとはしないだろう。しかし、手相、観相、暦といったことに興味を持つ人が多いのも事実だ。ある宗教にのめり込む人もいる。それはなぜか？　人知を超えた所に何かが有る、という思いがそうさせるのかもしれない。私の場合はある出来事が切っ掛けで、この世には不可思議なことが多いと気付かされてから、深くそのわけを知りたいと考えたことが始まりだった。

　ここでいう神縁とは、魂（心）の浄化と成長に不可欠となる『災い』のことを指す。突如として襲ってくる災いをひたすら乗り越えることが心の成長に繋がるという考え方は、然して珍しくもなく、自らの体験を通してそれを実感する人は多いはずだ。そしてその災いは、自分自身の考え方に伴った質と量の災いを引き寄せる。しかし、この災いは自分が引き寄せたものではなく、あくまでも自分は被害者の立場だと思う人も多いと思うが、まずは最後まで読んでもらえることを願う次第だ。

　自分自身の間違った考え方と同質同量の災いを自らが引き寄せる、つまり、身から出た錆、という当たり前の考え方が自分の心の中に揺るぎない土台として確立した時、それに準じてこれらの災いを引き寄せた本来の間違った自分の考え方は、もしかすると神の守護や慈悲から来るものかもしれない、と考えることができるようになる。そうすれば、その引き寄せた一つ一つの災いの点と点が繋がり一本の線となり、その線の先端が天から下りてきていて自分と繋がっていることに気付き、目には見えないとてつもなく大きな存在に対して抑え切れない程の感謝の気持ちが、心の底から自然にとめどなく湧き上がってくる。

周囲から親切にされたり誰かから金品をもらったりなどと、自分に利益が有った時に感謝の気持ちを持つことはそう難しいことではないが、ここでいう感謝とは、自分にとって非常に厳しい災いに対して無意識に湧き上がる気持ちのことをいう。人によっては、自分の想像を遥かに上回る壮絶な災いを死に物狂いで乗り越えた時、形式的なテクニックとは程遠い、内なる心の叫びのようなものが自然と湧き上がり、感謝をしないではいられない気持ちを体験する。災いとの縁は、目には見えないがとてつもなく大きく、科学等では到底説明のつかない力を受け入れざるを得ない、とても重要な瞬間のように思う。

私が体験した災いという神縁を、第三者が聞くと、世間では有りがちなことなのでわざわざ人様に紹介するまでもないと映るかもしれないが、如何せん、その時の私にとっては、突如として襲ってきた得体の知れない怖ろしい妖怪との戦いでしかなかった。

少々見苦しい神縁ではあるが、まるで生き物のように私達家族に絡みついてきた災いという神縁を、一つの例として読んでもらうことで、災いとは忌み嫌うことでもなければ、払い除けることでもなく、自分自身の魂（心）が成長するには欠かすことのできない有り難い存在であることを、更に、その災いは、目には見えないとてつもなく大きな存在と自分とが繋がっているとても重要で有り難い糸なのだが、この糸こそが実は神縁という名の災いであることを、感じ取ってもらえると、嬉しい限りだ。

第一章

夫の脱サラと妻に起こった不思議なこと

思い立ったが吉日

本来夫婦共々少し軽めな性格ではあるが、ごくありきたりな毎日を送る関東在住の家族四人の人生の岐路は、不相応に浮かれたことが罪悪感みたいに心に残る、後味の悪いバブルの時期だった。バブルの時期が人生の岐路という辺りもいかにもありきたりだ。バブルが終盤に差し掛かった平成元年頃からスタートする、当時三十代後半だった私達夫婦の実話だ。

サラリーマンの夫は三十年ローンでマイホームを購入していたが、九州に転勤となった為、住み慣れた家をさっさと手放すことにし、まだ一度も行ったことのない九州に家族四人で引っ越すことになった。一足先に赴任していた夫が大型犬の為に、やや広めの庭の借家を見付けてくれていたこと等も有り、ワクワクしながら引っ越しの準備に精を出した。海の向こうの九州への引っ越しは私にとっては外国に行く気分だった。

夫の手描きの九州までの高速道路の地図を運転席から見える場所に張り付け、私一人でワゴン車を運転し、関東から九州に向かった。娘、中2。息子、小6。犬、二歳。

暑い夏だった。

家族四人で過ごす九州でのサラリーマン生活は想像以上に快適だった。そんな快適な生活が二年ばかり経過した後、ざまァみろと言わんばかりにあっという間にバブルが弾け、しかし、なるようになるだろうと軽めな性格のまま過ごしていると、バブルに伴い九州での仕事が終了し、私達家族は再び関東に戻らなければならなくなってしまった。

だが、元来脱サラ願望有りの夫。そして、九州での生活が性に合い、このまま九州に住みたいと思った妻と娘と息子。と、犬。ならば、「今後の四人は何処で暮らすか」、という議案で家族四人の会議を行おう、となった。「このまま九州にいたいと思う人、手を挙げて!!」「イエ〜イ!!」。九州完全移住決定。九州に永住することを決め、しかも、定食屋で生計を立てることも同時に決めた。定食屋に決めた理由は他にこれといった特技もなかったからだ。ちゃんとした理由など有ろうものか。「今後の四人はどこで暮らすか」、についての家族会議の所要時間、約十分。嘘のような本当の話。

思い立ったが吉日。

私達夫婦は早速サラリーマン生活とおさらばし、あまりよく知らない九州の地でいきなり定食屋を始めることにした。少々、無謀。料理担当は主婦歴約十五年の私ではなく、ほんの数時間前までサラリーマンだった夫だ。休日ともなれば家族の為によく作ってくれていた、ほぼインスタントに近い焼きそばとお好み焼きには自信有り、の夫と決まった。

思い立ったが吉日。

店舗物件探しの為、家から一番近いコンビニに住宅店舗物件情報誌を買いに行った。情報誌は二〜三誌有り、どれもとても分厚く、持つのも一苦労する程だ。その中の一冊を選び、その中で家賃の一番安い店舗物件を一つ選び、早速見に行った。

一つの理由は、私達にはあまりお金がなく、毎月高い家賃を支払う気は毛頭なかったからだ。兎にも角にも、私達夫婦にとっては一番安い物件が一番良い物件だったので、沢山の物件を見ても所詮意味が無いと思ったからだ。

不動産屋さんに案内してもらったその一番安い物件は、シャッターの閉まった店が数軒ある、寂れて人通りも疎らな古くて小さな商店街の一角に有った。店舗の前の道幅も狭く、勿論、駐車場など有るわけもない。そして中に入ると、古くて暗くて狭くて、窓すら無い。

木造二階建てのこの物件は、二階が住居で誰かが住んでいるらしく、窓から吊るしたハンガーの洗濯物が風に揺れている。

物件現場で、不動産屋さんを横に、この店舗物件を良しとするかを、突っ立ったまま、夫婦二人会議の議案に上げる。良し、と決定。激安物件であり、家からも近く、車で二十分というオマケ付きでもある。オマケまで付いた物件なのだからしめたものだ。

このオマケ付き優良物件を借りるかどうかの会議は簡単で、所要時間、約十分。

我が家の会議時間が約十分と比較的短い理由は、成人となってからの発症だと思うのだが、私には、すぐ出した答えでも長時間考えた答えでも所詮一緒だと思うクセが有るからだ。どうせ一緒なら一刻も早く結論を出そうと思ってしまう。世間ではそれをセッカチとかワガママなどと呼ぶようだが、私はそれのかなりの重度な症状の一刻病だ。治療薬はないものかと思う。もし、一刻病に効く治療薬を開発してもらえるものなら、飲み薬よりも塗り薬だと有り難い。この持病のお陰で決断が早いのかもしれないが、それにはプラスの面も有るものの、長時間物事を掘り下げて考える忍耐力が欠如しているというマイナス面もある。また、どうにかなるサ的性格は私達夫婦の大共通点でもある。が、しかしここは我ら夫婦のプライド上、似た者夫婦の織り成す早技、ということに是非ともしたい。

転勤で九州に来て二年。改めて、家族四人にとって九州の地は新天地となった。

お気軽夫婦の発車オーライ

夫、三十九歳。妻、三十七歳。

新たな人生の幕開けなので、ここの部分は是非とも緊張感を含ませて書きたいところだが、実際はやっぱりなるようになると考えてしまう、お気軽な似た者夫婦の発車オーライだった。さてさて脱サラ父さん運転の家賃が安い以外は良いとこ無しの激安オンボロ車の行く手は如何に。

ところがどうしたことか、何故か、意外にも、不思議なことに、脱サラ父さん運転の激安オンボロ車の調子は好調で、早くも繁盛らしき兆しが見えてきた。とはいえ、開店後の半年程は客は疎らで、こんな怖い話まで耳に入ってきていた。

「この店舗は昔かい長続きせん店舗で、いろんな人がいろんな商売すっけんどよ、全部ダメどー。早ぇ人は数ケ月でやめた人もおったど。今度んあんた達の商売は何ケ月もつか賭けちょる人もおるぐらいやがね。頑張んないよー」。

励ましの言葉か？　開店後の半年間ほどは、毎月必ずやってくる支払いのお金を工面できず、遂に当時高校生だった娘に借金の申し入れをし、利子免除でお金を借りなければならないところまでいったことがある。家族のうち三人はパーッとお金を使ってしまうが娘だけは違っていて、小さな頃から無駄使いはせず、お年玉やお小使いは全部貯金をする、我が家一番のお金持ちだった。高校生にして大金持ちの娘のお陰で危機を脱することができ、また、耳に入ってくる数人からの怖い話のお陰で頑張ることもでき、辛じてオンボロ車の廃車は免れた。店を始めてまだ客が疎らだった頃は、今から思うと異様な程仕事第一優先で、早朝四時には店に入り、他店ではよくある十五時頃から十八時頃までの準備中の札は下げず通しで営業をし、一日の仕事を終えて家に帰るのはその日のうちではなく、時計の針が翌日の時間を指すということもしょっちゅうだった。徐々に客が増え、お持ち帰りも多くなり、団体のお弁当の注文も増えた。確かに収入は格段に増えたが、反面、子供達と顔を合わせることが更に極端に減り、罪悪感ばかりだった。

サラリーマン時代は専業主婦だったので、どんな場合でも母親が家にいるのが当たり前という家庭環境で育った子供達に、九州に永住するかどうかの家族会議で「イエ～イ!!」と親と一緒に軽いノリで挙手をさせてしまい、その直後から、子供達二人だけのカギっ子の生活が始まったのだ。それも、高一、中二と思春期真っ只中。そうはいっても現実は働いて家族四人が生活をしていかなければならない、親がこうして毎日僅かな睡眠時間で頑張って働いているからこそ、こうして四人の生活が保てるのだ、と心の中で愚かな言い訳を繰り返していた。

私達が時々する昔話の中にはこの辺りの場面はほとんど出てこない。昔話がこの辺りに及ぶとお互い自然と無言になる。もう三十年も前のことだが、私達夫婦にとってこの場面に時効はない。

店を始めて五年は経過していただろうか、ド素人が始めた商売は奇妙なほど賑わい、お金には困らなくなったが、私はいつの間にか子宮筋腫という病気になっていた。悪いことに日に日に症状は悪化し、遂に手術を受けざるを得ない状況になり、手術日が決まった。しかし私は子宮筋腫はそれ程大騒ぎをするほどの病気ではないと思っていたので、子供達には子宮筋腫の手術をすることは伏せ、二〜三日間の検査入院をするとだけ伝えた。

姉からの電話

そんなある日のこと。三日後の手術入院を待っていると、自宅の電話に全くもって予期せぬ人から電話が入った。その声は大阪在住の姉の声だった。姉の声を聞くのは十年振りくらいになるだろうか。姉は子供の頃から何となく胡散臭く、こう言っては何だが、どことなく犯罪者の臭いがする。そんな姉が私は子供の頃から苦手だった。

実際、姉は十代ですでに金銭問題で友人や身内に迷惑を掛け、親が肩代わりをすることも何度か有った。そんな姉なので、友人や親類縁者からも警戒され距離を置かれる存在だった。そのような理由から、私は姉からの電話を強く警戒した。また何か良からぬことを企んでいるのではないかと猜疑心に満ちた状態で電話に出た。それにもかかわらず、何故か私はその日を切っ掛けに姉を簡単に信用し、その結果、家族を巻き込みながらあれよあれよと奈落の底に落ちていくのだった。

人生において、物事が好転する前には往々にして試練が与えられる。要するに、高く飛ぶには体を低くかがめなければジャンプはできない。よってどん底に落ちたということは、新たな人生の門出となり得るチャンスを得たということであるはずなのだが。しかし、その頃の私にはそのような発想は1ミリもなく、周囲の全ての人達が生き生きとして見え、それに比べてどうして自分だけは……と暗澹たる気持ちになっていくのだった。

「久し振り。元気だった？　実は私の知り合いに普通の人は持っていない不思議な力を持つ住職がいるのだけど、その住職があんたの妹さん、病気やなァ、妹さんには僕から伝えなあかんことが他にも有るから一度大阪に来てもらいィ、と言っているのだけど、大阪に来てみない？」、と。十年振りに聞く姉から出た言葉が、「あんたの妹さん、病気やなァ」、と来た。えぇエー!!

私はあまりの驚きで何が起きたのか分からない。過去に体験したことのない驚きだ。

一つ屋根の下に住む娘や息子にすら病気のことは話していない中、何故に、遠く離れ、十年近くも疎遠になっている姉の知り合いの、しかも私にとっては顔も名前も何も知らない大阪在住の見知らぬ男性が、私が病気だということを知っているのだ!?

目の前が真っ白になるとは正にこのことだ。何が何だか分からない。とりあえず、電話は一旦切った。何をどう考えればよいのか整理がつかない。動揺が収まらない。

しかし、五分経過し、また五分経過するに連れ、何たって胡散臭い姉の顔が過り、姉の過去の所業を冷水シャワーのように私の動揺心に当て、冷静にならなければと思った。冷静に考えれば、四十も過ぎれば一つや二つ、誰だって体の故障箇所くらい有るものだ。住職のその、『妹さん、病気やなァ』、も然程驚くほどの言葉ではないと、そう自分に言い聞かせ、自分を落ち着かせるが、これまでの自分の人生に一度も体験したことのない不思議な感情がどうしても湧いてくる。そして同時に、『伝えなあかんこと』って一体何なんだろうと、この言葉も耳から離れない。五分経過し、また五分経過するに連れ、伝えなあかんことって何なんだろうと好奇心はどんどん膨み、止まる気配は一切ない。『妹さん、病気やなァ』の動揺を静める冷水シャワーは胡散臭い姉の生き方を思い出すことだったが、『伝えなあかんことがある』の好奇心を静める冷水シャワーがすぐに見つけられない。犯罪者の臭いのする姉の知り合いなのだから同類に決まっていると考えてみたりするが、好奇心を静める冷水シャワーにはならなかった。

　この一部始終も当然のことながら夫にだけ話したが、昔からの姉の所業をよく知っているからなのか何なのか、夫はそれ程不思議がることもなく、ましてや動揺などすることもなかったのだが、それはとても夫らしいことでもあった。

　冷静な夫と、動揺と好奇心でゆでダコ状態の妻との会議がすぐさま行われた。

大阪行きが決まった。私の心の中に昔から有る姉への猜疑心より、好奇心が勝った。折り返し姉に電話をし、「行く」、と言った。

会議所要時間、約十分。何たって三日後に手術を控えている。

思い立ったが吉日、などと抜かしている時間はない。

翌日、早速息子同伴で大阪に飛んだ。息子はちょうど大学の入学式前の春休みだった為、夫が同伴を頼んだ。私としても息子の同伴はとても心強かったが、大阪に行く理由は息子にはほとんど伝えなかった。

息子は無関心な性格ではない。三日後に控えた入院前に、何故、しかもほとんど交流の切れている姉に会いにわざわざ大阪に行くのか不思議だったはずだが、質問はなかった。

大阪に到着すると、姉は空港まで迎えに来てくれていた。約束通りだった。久し振りの再会ではあったが、お互い、何事もなかったかのようにさっさと車に乗り込み、姉の運転で住職とやらの待つお寺へと向かった。四～五十分は走っただろうか。車窓から見える景色はさすがに大都会のそれとは違い、落ち着いた雰囲気の街並となってきたが、まだまだ背の高いビルが並んでいる。そんな時、車のスピードが落ち、路肩に幅寄せし、「ここ。到着したから降りてね」、と姉。姉の物言いは私とは大違いで、子供の頃からとても柔らかい。

木造の、ごくごく普通の伝統的なお寺以外は全く想像していなかった私だったので、ここ、と比較的新しく洒落た五～六階建てのビルを、あたかも街うがごとくに指差す姉を見た瞬間、騙された、と思った。

鉄筋コンクリート造りの神社仏閣は都会では別段珍しくもなく、このビルの中の一室がお寺になっているのだろうぐらいの想像はすぐにはしたものの、そこはやはり、子供の頃からの年季入りの胡散臭さが有る姉。その上、昨日の姉の電話によると、住職とは不倫の関係だという。不倫関係の住職。洒落たビルの中の寺。姉の所業の数々。あァ～、騙されるとはこういう感じかァ～、息子を道連れに騙されて大阪まで来てしまったァ～、息子にはどう説明すればよいのだァ〜、と思いつつ、しかし心の片隅の片隅では、ちょっと待てヨ、そもそも我が家には騙されて奪われるものが一つとして何もないぞ。お金はない。家も借家。確かに定食屋は繁盛しているが、大学生になったばかりの息子にこれからお金は掛かる一方。そんな何もない私を騙したところで骨折り損のくたびれ儲け。姉はそんな馬鹿ではない。ということは、『伝えなあかんこと』だけ聞けば無事に大阪を脱出できるかもしれない、いやいや、あの姉がそんなことだけでわざわざ私を大阪に来させるとは思えない、と私の心の中では、好奇心と猜疑心が言い合いをしている。姉の案内でビルの玄関先に立った。左右にドアが滑らかに開き、エレベーターのドアまでもが私達を静かに招き入れてくれ、確か三階に昇ったと思う。うまい話には裏が有るという先人達の教えが頭を過る。滑らかに開いた玄関ドア。続いてエレベーターのドアまでもが私に優しい。姉がこれらの物まで手なずけたのか。怪しい。うま過ぎる。これらの文明の力にまで騙されてたまるかと、鼻息がどう考えても我ながら荒過ぎてはいる。エレベーターの中の三人は無言だった。三階らしき所で止まりドアが開くと、そこは廊下ではなくいきなり広いフロアーだった。最初に目に入ったのは、中央にドデンと置かれた威張り腐った黒の革の立派な応接セットだった。私が普段着ている一九八〇円の服の、優に二百倍はするであろう上質の本革の服を着た、このフロアーの主のようなソファだ。と、思ったその瞬間、『妹さん、病気やなァ』、と言った住職であろうはずの唱えるお経が聞こえた。フロアーはL字型らしく、お経は聞こえるが姿は見えない。いよいよ姉の案内で住職の元に進むと、坊主頭の住職の後ろ姿を遂に見た。法衣ではなく、濃紺の作務衣姿だ。

床から天井に届きそうなほどの大きく立派な祭壇の前の、沈み込みそうな分厚く大きな黄色の座布団に座って、お経を上げている。とはいえ、私には、祭壇以外は全てが違和感だらけに感じた。L字型のフロアー。フローリングの床、洋風の壁紙に洋風のカーテンとレースのカーテン。本革の黒いソファ。そして何よりも、目の前には姉の不倫相手の住職。小高い場所から町を見下ろす伝統的な夫の実家の寺を、改めて素晴らしいと思った。洒落たビルの一室で、まだ新しげな仏具が競って光を放ってはいるが、妙に嘘っぽく感じた。姉は、不倫相手の住職がいるこの寺に時々尋ねて来るといった風ではなく、まるで夫婦のように一緒に暮らしているかのような態度だった。

怪しげで違和感だらけのこの空間にいること自体が、奴らと共に私もが、息子を共犯者に仕立て上げた気分になった。そんな気分を多少なりとも打ち消せたのは、辛うじて『妹さん、病気やなァ』と『伝えなあかんこと』、の二つの言葉だった。

ところが、お経がやみ私達の方を振り向いた住職は、まさかの爽やか系の人だった。

姉の運転する車から降り、都会特有の洒落たビルを目の前にして、初めて見る違和感だらけの寺に入って二〜三分の僅かな間に、不倫エセ住職だとほぼほぼ決め付けようとしていた私は、とても拍子抜けしたものの、多少だが確かに安堵の気持ちを覚えた。

やや神経質ぎみに見える住職は、思いの外真面目そうで、むしろ清潔感すら感じさせる。年齢は姉より少し上の五十歳くらいで、比較的端正な顔立ちと均整の取れた体型をしており、濃紺の作務衣と坊主頭のよく似合う普通の住職だった。そういえば、顔の造作などには昔からほとんど興味のない私と違い、姉は昔からイケメン好みだったことを思い出し、納得した。

振り向いた住職がまさかの爽やか系不倫住職だった為、これまでの私の疑心暗鬼が半分ほどに減った。ところが、不意に私は次のようなことを思った。それは、私達夫婦の脱サラがある程度成功したことを実家かどこかで耳にし、大金持ちになったと勘違いした姉が、住職の不思議な霊力を謳い文句に、陰ながら脱サラを成功に導いたのは、ほかならぬ住職だと主張し、取らぬ狸の皮算用をして私を騙してお金を巻き上げようとしているのではないかということだった。まずは姉がそう企て、それを住職に持ち掛け、それで私は今ここにいるのかもしれない。もし私のこのヨミが当たっていたとしたら、何はともあれやめさせなければならない、とそう思った。そう思った途端、姉と住職が急に惨めに感じ、気の毒に思った。そうであるなら一刻も早くお金はないことを説明してあげたいが、しかしいきなり、「金はない!!」、と言うのもヘンだ。それではまるで西部劇のホールドアップだ。そんなことを考えながら、私はとても複雑な心境で勧められるがまま、黒の革の立派なソファに座った。私と息子はそこで初めて住職に挨拶をした。だが、その直後だ。突然、すくっと立ち上がった住職は、手招きしながら私に「ちょっとこっちに来てやァ」と言い、ソファから一番離れた窓ぎわに私を連れて行った。

「あんたァ、子宮筋腫やろオ。大丈夫やでェ、すぐに治るでェ」。住職が小声でそう言った。抜けた、腰が。

住職は私にだけ聞こえるように小さな声でそう言うと、何事もなかったかのように背筋をピンと伸ばし、機敏な動きでさっさとソファに戻った。私はというと、抜けた腰のまま、四～五歩遅れて何とかソファまでたどり着いた。

神名

私に限らず親族も、敢えて距離を置き接触を極力避けていた、そんな姉の知り合いの、私に取っては全くの初対面の住職に、『病気やなァ』、を優に通り越し、『子宮筋腫やろォ』、とズバリ病名を言い当てられ、コクンと一回頷くのが精一杯の私だった。声すら出なかった。頭が真っ白になるとは、正にこのことだった。

四十二年生きてきて、これまでにない、一度も体験したことのない未知の世界に、一歩足を踏み入れたような不思議な気持ちになった。私の中の得体の知れない好奇心は最大限に大きくなり、橙色の炎となった。

深い闇の森の中を一人ぼっちで彷徨いながらも、この橙色の炎を頼りにもっと先まで進まなければならないと思った。が、橙色の松明を手に入れても、まだ疑心暗鬼を払拭し切れない。窓の外を見ると、すっかり日は沈み、いつの間にか夜も更けていた。

よく見ると、L字型の広いフロアーには畳の部分も有り、そこには姉が前もって準備をしていたのか、疲れたらいつでも休めるようにとすでに布団が整えられていた。息子は勧められるまま布団に入ったが、子供の頃から周囲の心の変化に機敏な息子が、ただならぬ私の様子に気付かないわけがない。その息子がさっさと布団に入ったのを見た時、無言で布団に入ったのは私に対する何らかのサインだったのではないかと、まだ少し残っている思考でこわごわと考えていると、住職が次のような話をした。

「僕は僧侶やから基本神さんはあまり祭らんのやけど、今から半年程前に〇〇〇、という名前の神さんを祭るように言われたんやァ。誰に言われたかというと人間やないから、ここら辺の説明は難しいんやァ。普通の人にはできんようなことや分からへんようなことを僕はできたり分かったりするんやァ。他の神さんの名前はある程度は教えてもらってまあまあ知ってんねんけど、この神さんに関しては初めて耳にする神名やし、全く何も教えてもらえへんからどういう神さんなんか分からんけど、とりあえず隅の方に祭ってんのやァ。そやけど今後はあんたが祭れということやから、あんたァ、祭りィ。九州に帰ったらちゃんと祭らなあかんでェ。僕は確かにあんたに伝えたからなァ」、と。

『伝えなあかんこと』、とはどうもこのことのようだ。

住職はソファから少し離れた場所に有る机の所に行き、引き出しから紙と筆を出し、〇〇〇、と神名を書き、それを私に渡した。そして住職は首に掛けていた大玉の、とても長い一連の数珠を外し、私の背中からお腹の後ろの腰の辺りまでを二往復ばかり、スルスル、スルスル、と数珠で撫で、「治ったでェ」、と言った。

宗教色のとても薄い家庭環境に育ったからなのか、それとも私の個人的な感覚なのかは不明だが、いつもの私だと、こんな非科学的なことをされ、その上、こんな馬鹿げたことを言われようものなら、これで治るなら医者はいらないし病気で苦しむ人もいない、くらいは言ったはずだが、この時ばかりは違い、神妙な気持ちで住職の話を聞いた。三人は一睡もすることはなく語り合い、そしていつの間にか朝を迎えていた。

有り難い、しかもとても重々しい松明を手にしたくせに、私は予定通り一番早い便で、逃げるように一目散に九州に戻ってきた。

帰るやいなや、私は大阪での不思議な体験の一部始終を夫に話した。いくら冷静な夫とはいえ、今回ばかりはさすがに驚くはずだと思い、夫の反応にもとても興味が有った。

しかし、拍子抜けした。あまり驚かない。私が姉を胡散臭く思っているだけではなく、夫は夫で姉に対して長年の疑念がある。だが、夫は静かに話を聞くだけで、特にこれといったコメントもなかった。

何しろ三日後に手術を控えた状況の中での大阪行きで、しかも、大阪では夜通し話していたこともあり、明日の手術に備えて今夜は眠らなければと思ったのだが、この日の夜もほとんど寝付けないまま朝となった。そのまま私は一人で病院に向かった。

「治ったでェ」

するとまたもや、想像を絶する事態が待ち構えていた。

手術の前の診察を終えた担当医の様子が明らかにおかしい。今、私の診察に使ったばかりの機械を、エンジニアさながらに四方八方くまなく点検している。カルテも何度も見返している。担当医の動揺が私にまで伝わってくる。隣に立っていた看護師までもが慌て出したのが見て取れる。担当医は何度も首を傾げながら、あたかも観念でもしたかのように、遂に口を開いた。

「〇〇さんも一緒に確認をされ、その時点では筋腫は確かに有ったのですが、今は何故か無いんです。機械の確認もしましたが、機械の不具合でもなさそうです。こんなこと有り得ないんですけどね。カルテには子宮肥大と書き直します。筋腫はなくなっていますので手術の必要はなくなりました。こんなこと有り得ないんですけどね。お疲れ様でした」。抜けた、腰が。私の腰は完璧に抜けた。お見事なまでに抜けた腰のまま、「申し訳有りません」、と咄嗟に私は担当医に詫びていた。住職の「治ったでェ」の言葉と結び付いたからだ。

患者側から詫びられた担当医は尚更混乱したに違いないが、しかし私は、何の罪もない担当医に対して、申し訳ないという気持ちでいっぱいになったのだ。

何回か、申し訳有りません、の言葉を繰り返しながら、抜けた腰のまま逃げるようにその場から脱出したのだが、病院から帰る道すがら冷静になって考えてみると、初回の外来診察の時、担当医の説明を受けながら、確かに私自身も自分の子宮筋腫の画像をこの目で確認をした。また、何よりかにより典型的な子宮筋腫の自覚症状が有り、患者側の私の立場としては医療ミスではない。しかし、世間一般的な観点からすると、病院側に問題が有ったのではないかとされ兼ねない状況である。この状況で、患者側から繰り返される謝罪の言葉は、むしろ担当医の心を傷付けたかもしれない。

かといって、子供の頃、道徳の時間で習った、嘘をついてはいけません、正直が大切です、とばかりに、「見知らぬ大阪の住職に、数珠で腰の辺りを数回撫でてもらい、その結果めでたく子宮筋腫を消してもらいました」とは、とてもじゃないが言えた話ではない。

四十過ぎにして、医学や科学では到底説明できない生まれて初めて体験する未知の世界に、一歩足を踏み入れた瞬間だった。

あれから三十年近く経つ今でも時々思う。高い偏差値を持ち、西洋医学を学んだベテランらしき年配の担当医と、数珠でほんの数回腰の辺りを撫でただけで子宮筋腫を消した住職との狭間で、私は担当医に対して一体どういう対応を取るべきだったのだろうと。

気付くと、病院での出来事を切っ掛けに、不倫エセ住職からご住職様へと私の気持ちは大きく変化した。これを起点として私達夫婦の人生の旅は、私達が想像もしない方向に舵が切られ、すでに旅立っていた。

　病院を脱出した私は、私の手術を心配しながら店で働いている夫の元に帰るより先に、手術をしなくて済んだことへのお礼を、ご住職様にするべきだと思ったが、寺の電話番号を知らない。一刻病の私はまずは車で港に行った。大阪行きのフェリーに乗る為ではない。せめて、大阪方面に向かってお礼だけでもしたいと思ったからだ。

　港には来たものの、ヒドく方向音痴の私は大阪方面がどちらになるのか分からない。方向が少し変わるだけで朝鮮半島の方向を向くかもしれないし、中国の方向を向くかもしれない。ここは、エイヤー、と決めるしかない。そちらであろう方向に車を止め、海に向かって車の中から手を合わせた。車の中で座ってのお礼は少々失礼だとも思ったが、そうかといって、海に向かって手でも合わせようものなら、それこそあらぬ方向に詮索される。それも厄介だ。

　そして、港からのご住職様へのお礼の次は、ご住職様とのご縁を作って下さったお姉様へのお礼だ。お姉様へのお礼は直接電話で伝えたいと思い、早速海を後にして、店の電話ではなく静かに話せる自宅の電話へと向かった。ご住職様と同様に、胡散臭くて何とはなしに犯罪者の臭いのする姉から、一瞬にして尊敬に値するお姉様に変わっていた。

電話に出たお姉様は、意外にも私の子宮筋腫の件は知らなかった。私はてっきり、あの後ご住職様から聞いて知っているものとばかり思っていたのだが。

私からのかいつまんだ一部始終を聞いたお姉様は、とても意外なことに、驚くことなくむしろ淡々と、「あの住職の力の凄さは色々と見てきて知っているけど、今回のも凄いね。手術しなくて済んでよかったね。妹が喜んですぐにお礼の電話を掛けてきたことを、住職には私からちゃんと伝えるからね」、と。

ようやく、心配しながら店で仕事をしている夫の元に私は戻った。だが、今頃手術を受けているはずの妻が戻ってきたのだからビックリしたのは、夫。

夫にはすぐに事態の全容が摑めない。摑めないのは当たり前。医者ですら摑めないのだから。

「どうしたんだ！　何で帰ってきたんだ⁉　手術するんじゃないのか！　何っ⁉　何が消えたって⁉」。

しばらくしてようやく事態の全容が摑めた夫は、妻が手術を免れたことへの深い安堵の気持ちを体全体で表わした。

二人で感謝の気持ちに浸りながら、しかし同時に、確かに有った筋腫が、跡形もなく消えたという現実離れをした現実を、どう受け止めればよいのかとても戸惑い、早速いつもの夫婦二人会議を行った。

十分経っても三十分経っても一向に答えは出せない。通常だと十分もあれば答えを出すお気軽夫婦の私達だが、今回ばかりは言葉すら出ない。このまどんなに長時間話し合ってみたところで、納得のいく結論は出そうになかった。

大阪で不思議な体験をし、翌日九州に戻ってから今度は病院で更に不思議な体験をし、自分が自分でないような、足が宙に浮いているような、妙な気分だった。何をしても気持ちは上の空で、この不思議な体験ばかりを考えていた。九州に帰ったら祭るように言われた神名のことは、勿論心の中には有るものの、寺に生まれた夫への配慮から、ご住職様が私に手渡した神名の書かれた小さな紙を、私の部屋の押し入れの小さな引き出しの中に、取敢えず置くことにした。

姉からの誘い

病院で不思議な体験をしたその日の夜からだ。お姉様から連日連夜、電話が掛かってくるようになった。毎日、早朝より夜遅くまでの仕事の為、夜は一分でも早く眠りたい私だったが、お姉様から掛かってくる夜毎の電話が楽しみになり、一分でも長く話したい毎日に変わっていった。何よりも不思議な力を持つご住職様への興味は尽きることがなかった。バツイチのお姉様はご住職様とは不倫の関係だと当初より聞いていて、当時、妙な部分に融通の利かない性格だった私は、不倫という言葉を耳にすると、何かが腐ったような変な臭いを嗅いでしまいそうな気持ちになり、とても苦手だったが、今回の不思議な体験以来、不倫もお洒落に感じる始末。

人間、ここまで変身するものなのか。

経済的にかなり余裕があるらしくお姉様から連日連夜電話が掛かってくるようになって十日ばかりが経過した頃だっただろうか、さすがにお姉様の電話代が気になり、私の方からも掛けるようにした。何たって大阪・九州間の電話だ。電話代が気にならないわけはないのだが、それよりも何よりも、ご住職様の不思議な力に興味津々の私にとって、電話代は二の次だった。

子宮筋腫が消えた時の話や、他の人達への不思議な力の話の他、時折、我が家の経済情況の質問がお姉様から有った。私は聞かれるまま正直に、長女の短大の授業料の支払いがやっと終了したばかりだが、今度は長男の大学の支払いが始まるので、今後も引き続きギリギリの生活だと答えたりしていた。

以前の私だと、姉に我が家の経済状態を聞かれようものなら、何を差し置いても即座に警戒態勢をとっていたが、この時の私は、他でもない電話代を気に掛けてくれる優しいお姉様だと思っていた。

人間、ここまで変身するのだ。

大阪・九州間の夜毎の電話は、二ヶ月、三ヶ月と続いていた。そんなある日、夫が電話料金の事を私に言った。

「三ヶ月前の電話代が三万円。先月、五万円。今月、七万円。異常じゃないか?」、と。私はそれを聞いて血の気が引いた。声も出なかった。ただただ申し訳なくて心から夫に詫びた。これ程までの高額な電話料金になるまで心ここにあらずの私だったことに今さらながらようやく気付き、「電話はもうやめよう」。とすぐにお姉様に伝えると、お姉様はまたもや予期せぬことを言い始めた。

「住職と私は前々から慈善事業を始めたいと考えていて、その一環として何十人でも自由に集まれる大きなお寺を建てる計画をこれから進めるのだけど、大阪に来て私達と一緒に慈善事業をやらない?」と。お姉様がそう言い終える前に、私は心の中で、「行く!」、と決め、そのまま話を聞いていた。それどころか、夫と子供達に大阪に行くことを何と説明すればよいのか、すでに説明する言葉の方を考えていて、行かないという選択肢は欠片もなかった。

前々から夫婦仲が悪くて、渡りに船とばかりに離婚をして、一人大阪に行くという話ならいざ知らず、こんな理不尽で身勝手で無鉄砲で無謀な話もちょっと無い。それは重々承知の上なのだが、その時の私の考えはこうだった。

定食屋の仕事は順調。私が一時的にいなくても何とかなる。娘は社会人一年生。息子は大学一年生。私の手はすでにいらない。私が夫より一足先に大阪に行き、ご住職様とお姉様のお手伝いを一生懸命にし、一刻も早く事業を波に乗せ、乗せたら定食屋をたたんで一刻も早く夫にも大阪に来てもらい、四人で慈善事業ができたらこんな素晴らしいこともない、と思ったのだ。夫に一日でも早く大阪に来てもらう為にも、私は使いっ走りでも何でもよいからお姉様を手伝い、寺で一生懸命に働こう、と心からそう思ったのだ。そして、自分達夫婦ごときの人生に、もしかしたら世の中に貢献ができるかもしれないという、想像すらしたことのない話が舞い込んだことを思うと、私は改めて、重ね重ね、ご住職様とお姉様に感謝せずにはいられなかった。感謝に報いる為にも、一刻も早く大阪に行き、慈善事業のお手伝いをさせてもらいたいと心底思い、気持ちはすでに大阪に飛んでいた。

だが、問題はあまりにも無謀過ぎる私のこの思いを、夫と子供達にどう説明すれば理解してもらえるかだった。慈善事業と聞くと、一見聞こえは良いが、何といってもこんなご時世だ。子供達でさえ怪しむだろう。ましてや、夫の立場からすれば、妻を通して医学や科学では説明のつかない有り難い体験をしたからとはいえ、やっぱり、胡散臭さの拭えない姉が絡んだ話だ。それでもって、母親が体験した不思議で有り難い話を全く聞かされていない子供達。四面楚歌の臭いがしてきたが大丈夫か。私が体験した不思議な話を、慌てて今子供達にしたところで、夫は勿論、子供達とて、不思議で有り難い体験と私が大阪に行くことは、全くもって別の話だと考えるはずだ。となると、私の進む道は閉ざされた、と思ったら、いやはやどっこい、道は二つも有った。

一つは、無言の夜逃げ。もう一つは、強行突破。視界が少し明るくはなったが、ここまで来ると、これはもはや、持病の一刻病どころの話ではない。心の針が、青色の一刻病ゾーンを通過し、群青色も振り切り、一気に危険区域に入ったかと思うと、針は、赤色の次の最終色、深紅色で止まった。それ以上はない。強行突破と決定。

まずは先に夫に言った。「住職と姉が行う慈善事業に私も参加したいので、一人で大阪に行く」、と。強く反対された。当然だ。

次に二人の子供達に同じことを言った。想像以上の猛烈な反対を食らった。ごもっともだ。正気ではないかのような意味不明の突然のダイナマイト発言に、家は大揺れに、揺れに、揺れた。そして、揺れついでに、遠く離れて暮らす両親には、大阪到着後に事後報告をすると決めた。だが、家の中に何ともいえないどんよりとした暗雲が立ち込めた状態にもかかわらず、何故か夫はすぐに大阪行きの飛行機のチケットを用意してくれたのだ。私一人だけで大阪に行くチケットを、どんな気持ちで夫が用意してくれたのかを思うと、申し訳無さで有り難うが言えなかった。顔を上げることすらできなかった。

だが、図々しくも、本当に図々しくも、慈善事業が軌道に乗るまでの生活費がいくらかでも欲しい。しかし、顔すら上げられない中、とてもじゃないが、ついでにお金も下さいなどと死んでも言えない。困った。

土地の権利書

実は私には、お金を下さいと夫に言えなかった理由が他にも有った。それは、サラリーマン時代、狭い土地ではあるが、夫が敢えて私名義で購入してくれた関東の土地の権利書を、夫に内緒で大阪にこっそり持っていく算段にしていたからだ。もうすぐ夫を裏切ろうとしている裏切り者の私が、チケット以外にお金も欲しいなんて言えるわけがない。

お姉様との夜毎の電話では、毎回ご住職様の不思議な力の話題で盛り上がっていたのだが、ほんの時折、我が家の経済状態や資産の有無の質問も有った。私名義の関東の土地の話を伝えると、自分名義の権利書ならば、一応、大阪に持って来た方がよいのではないかとのアドバイスを受けた。私自身も、あの土地がほんの少しでも慈善事業の役に立つのなら御の字だと思ったのだが、しかし、あの暗雲立ち込める状態の中で、権利書持参で大阪に行きたいとはさすがに言えなかったのだ。こっそり持って行くしかなかった。そして、お姉様にはありのままを正直に言った。権利書は持って行くがお金は小学生の遠足並み以下だと。お姉様は大阪・九州間の夜毎の電話代も苦にせず、ご住職様と共に慈善事業を立ち上げようとしているだけあり、経済的にとても余裕が有るようで、しばらくは私の大阪での生活の面倒を見てくれることになった。その上、住いにも余裕が有るらしく、お姉様の自宅の一室を借りることが決まった。お姉様の自宅に早く行ってみたいと思った。二～三泊用の小さなスーツケースの内ポケットに、私名義の土地の権利書をこっそり隠し入れ、押し入れの引き出しに入れていた神名を書いた小さな紙と四～五枚の千円札と少々の小銭を財布に入れ、たったそれだけで、それなのに私は、意気揚々と九州を後にしたのだった。これまでの人生で一度も考えたことのない慈善事業という未知の世界の仕事に携わる自分なりの心構えや、電話代を気にすることなく、いつでもどこでも存分(ぞんぶん)にお姉様と話ができ、更には、ご住職様に不思議な力の秘密を直接質問させてもらえる機会も沢山有ることなどを思い、飛行機の中での私の頭の中は満(まん)ぱん状態だった。

そうこうしていると、いつの間にか大阪に到着していて、空港にはお姉様が今回もお迎えに来て下さっていた。約束通りだった。

しかし前回、私と息子が大阪に来た時に迎えに来て下さった車とは大きく違い、何故(なぜ)か業務用(ぎょうむよう)らしきライトバンだ。ライトバンの中には、ビニールに覆(おお)われたクリーニング済(ず)みの沢山(たくさん)の洗濯物(せんたくもの)がぶら下がっている。よく見ると運転席(うんてんせき)の前や助手席(じょしゅせき)にも伝票(でんぴょう)や書類(しょるい)が雑然(ざつぜん)と有る。クリーニング店のライトバンのようだが、車体には店名等、何一つ書いてない。

何故お姉様が、業務用らしきライトバンに乗って空港に私をお迎えに来て下さったのかを想像(そうぞう)するが、それらしい答えがさっぱり出てこない。その上、前回と違い今回のお姉様の服装は、昔からとてもお洒落だった姉の服装ではない。仕事中だとしてもそれにしても妙だ。すると、お姉様が、「乗って。クリーニングの仕事を済ませてから自宅に帰るから」と言う。いつものお姉様の声よりワントーン低い。夜毎の電話で、お姉様は多忙な寺の仕事に専念しているとのことだったので、「寺の仕事は?」、とお姉様に聞いたが、答える様子はない。つい昨夜まで楽しく話していたお姉様とは全く別人で、狐につままれた気分だ。何箇所かに立ち寄り仕事を終えたお姉様は、無言のままだった。しばらく走ると、とても古くて薄汚れた五階建ての集合住宅に到着した。階段下の集合郵便受けにはだらしなく郵便物が入ったままで、雑然とした自転車置き場にはチラシが落ちたままだ。こんなみすぼらしい場所に、お姉様は一体何の用事で来たのだろうと、とても不思議に思っていると、

「着いたから、降りて」、とお姉様が言った。着いたから降りてって、まさかいくら何でも、ここが昔から貧乏くさいことを嫌がるお姉様の住いだとは思えない。私をからかっているのかもしれないと思ったが、車に鍵を掛け無言で階段を上るお姉様の後ろ姿は、けっして私をからかってはいなかった。私は急いでスーツケースを抱え、遅れないようにと上った。部屋に入ると、な

お一層何もかもが貧しそうな生活が見て取れた。

若い頃から、お洒落な姉は、服装のみならず住いにもこだわりがあったので、今のこの住いはまるで別世界だ。

一体、何が起きているのだ。これは果たして、本当に現実なのか。私は、何が何だか分からなくなった。

ふと見ると、十年振りに見る二人の姪がとても大人っぽくなっていて、ほんの少し、安堵した。外観も室内も、全てが貧乏臭い２ＤＫの集合住宅の一室に、どーも、本物の貧乏神の私が転げ込んできたようだ。

お湯すら出ない古くて小さな流し台で、お姉様が夕飯を作って下さったのだが、食卓用のテーブルはなく、全ての用事はコタツを使うらしく、コタツを囲んで四人で夕飯を食べた。四人で会話をすることはやはりほとんどなく、時折私が姪達に、「学校、楽しい？」と話し掛ける程度だった。食べ終えるとお姉様はテキパキと食事の後片付けを始めた。

テキパキと片付けているのは、きっと今後のことを二人で早く話し合いたいからなのだろうと、そう私は思いたかった。

ところが、全く違った。「ここ、使って」、とスーツケースを置いた四畳半の部屋を指差すと、お姉様は隣の部屋に娘達と入り、襖をパタンと閉めたのだ。

スーツケースの横に私も座った。壁にもたれ、座った。スーツケースだけが仲間に見えた。

あの夜毎の電話は何だったのか。高額な電話代が苦にならないのは何だったのか。途切れることのない電話での会話は何が目的だったのか。慈善事業の話は嘘だったのか。それならご住職様の不思議な力もマヤカシだったのか。そんなはずはない。

疲れ切った頭で考えたところで余計に分からなくなる。そんなことを考えていると、私はいつの間にかぐっすりと眠っていた。どんなに疲れていても、場所が変わるとあまり寝付けない、やや神経質な面が有る私が、四畳半の古い薄汚れた部屋にもかかわらず、一度も目を覚ますことなくぐっすり眠ったことは、私にとってはとても不思議な出来事の一つとなった。

朝になった。

日が改まってもお姉様の私への接し方は昨日と変わらない。もしかすると私が大阪に来たのは迷惑なことだったのか。そうだったとすると、何故、一緒に慈善事業をやらないかと言ったのだ。その上、しばらくはお金のない私の面倒も見るし、部屋も借すと、何故言ったのだ。全てが嘘だったのか。

やはり私は、昔から胡散臭くて犯罪者の臭いのする姉にまんまと騙されて大阪まで来たのか。ご住職様もグルだったのか。もし、グルだったとしたら、それならあの『妹さん、病気やなァ』、も『伝えなあかんことが有る』、も子宮筋腫が消えたことも、子宮筋腫の自覚症状が同時にピタリと止まったのも、全て嘘だったというのか。そんなわけはない。と、昨夜と同じことを繰り返し考えている。

私は今日にでも、ご住職様のいらっしゃるお寺に連れて行ってもらい、まずは、子宮筋腫の一連のお礼を伝え、その後で、九州在住の、夫婦で定食屋を営み、子供もいる私に、これから慈善事業を立ち上げるから大阪に来て一緒にやらないか、と何故、声を掛けたのか、声を掛けるのは私でなければいけなかったのか、について、お二人の真意をどうしても聞きたいと思い、その旨をお姉様に伝えた。

私が大阪に行って三日が経ってから、ようやくお姉様はご住職様のいらっしゃるお寺に、連れて行ってくれた。

ほんの四～五ケ月前に息子と二人でお邪魔したお寺に、今度は私だけが来た。エレベーターのドアが開き、ご住職様にお目に掛かった。違う。何が起きたのか。『あんたァ、子宮筋腫やろォ』、と言って、一瞬で私の子宮筋腫を消したあの時のご住職様とはすっかり変わってしまった。顔付きも所作もすっかり別人だ。初めてお目に掛かった時のご住職様の品格がすっかり消えている。しかも、ご住職様は私から目を逸らし、まともに私を見ない。どういうことなのだ。一体、何が起きているのだ。何が何だか、さっぱり分からない。

子宮筋腫が消えたお陰で手術が免れたことへの感謝の気持ちを伝えると、お姉様は私を引っ張るかのように寺から連れ出し、さっさと自分の住いに私を連れ戻した。

やはり私は住職と姉の二人に騙されたのか。とはいえ、一体私は、何の為に、誰に、何を騙されたというのか、貧乏神の私なのに。貧乏神を騙して得をする人がこの世にいるのか。何はともあれ住職と姉の真意を知りたい。このまま終わってなるものか、真実を知らねば貧乏神の名が廃る、と思った。

このまま姉の住いに居候をしている場合ではない。どこかに安いアパートを借り、働きながら住職と姉の真意を確かめなければならないと思った。

公衆電話のアドバイス

大阪に来て姉の住いに居候をするようになり、ようやく長い一週間程が経ったある日の夜明け前、姉と姪達がまだ眠っているかを確認し、スーツケースを持って姉の住いをそーっと抜け出し、なけなしのお金でバスのチケットを買った。大阪から約三時間ばかりの私の実家に、借金の申し入れをする為だ。何の説明もせず、大阪に一人で行ったことを事後報告した身勝手な娘だというのに、父はほとんど何も聞くことなく、すぐに二十万円を貸してくれた。そのお金を持って大阪に戻り、その足で不動産屋に駆け込み、一番安くて一間だけしかないボロアパートを借りた。九州から大阪に来て一週間ばかりで一人暮らしとなった。

居心地の悪い姉の住いを出たのだから、もっと清々するかと思ったが、何せ、父親に借金までして大阪にとどまるのだから、心は晴れはしない。この頃の私の気持ちは、住職と姉の嘘を絶対に暴いてやるぞ、というよりも、慈善事業の話はやはり嘘っぽくはあるけれど、子宮筋腫の手術の直前に奇跡が起き、同時にその症状すらもピタリとやんだのだから万々歳ではないか、だったらとっとと家族が待っている九州に帰ろう、という思いが二割。このままおめおめと九州に引き下がるわけにはいくものか、仮に、非常に納得のいかない理不尽な理由だったとしても、慈善事業の件で私に声を掛けた住職と姉の真意を二人が話してくれるまでは大阪にいるぞ、との思いが八割だった。いつの間にか私の中で、お姉様から元の姉に、そしてご住職様も元の住職へと心変わりしていた。

アパートを見付けたといっても、小さなスーツケース一つだ。簡単だ。集合郵便受けの確認をし、ふと隣りの中華料理店に目をやると、大阪にとどまれと言わんばかりに、お店のドアにアルバイト募集の紙が張られていた。

これだけでは終わらない。何と、中華料理店の横の電信柱にも居酒屋のアルバイト募集の紙が張ってあるではないか。しかも居酒屋もアパートからたった三〜四軒先ときている。この二枚の張り紙を同時に見て、さっさと九州に帰ろう、になるはずがない。中華料理店でも居酒屋でも、皿洗いのパートとして早速、明日から雇ってもらえることになった。大阪に来るほんの一週間前まで、自営業の定食屋で皿洗いの仕事を中心に日夜働いていた私だ。皿洗いはお手のもの。定食屋の仕事で一番好きなのが、皿洗い。正確に言うと、他の仕事ができなかったともいえるのだが。僅か一日でアパートも決まり、直後に二つもパートが決まり、ラッキーガールだ。昼間は徒歩三十秒の中華料理店で皿洗い。夜は夜で徒歩二分の居酒屋での皿洗い。

御の字だ。

だが、いくら御の字とはいえ、無謀な私だ。眠っている姉を見届け、夜明け前にスーツケース片手に脱走を図った、私だ。

その足で、実家の年老いた父親に説明無しで二十万円を借り、再び大阪に戻って来た、そんな私だ。

そして更にその足で、父親から借りたお金で一間の小さなアパートを借り、二つの仕事も同時に決めた、そんな後先考えない一刻病の私ではないか。何はともあれ、ここはやはり、姉にはちゃんと謝罪と報告をするべきではないのか。そう考え、借りたてホヤホヤのボロアパートのすぐ近くに有る公衆電話に行った。

まずは、夜明け前にもかかわらず、黙って出て行ったことを謝罪した、が姉からのコメントは特になかった。続いて、実家の父親からお金を借りたこと、そしてそのお金でアパートを借り、仕事も二つ決まり、早速明日から皿洗いの仕事をすることを報告した、が引き続き姉からのコメントは、特になかった。

ほんの数秒私も黙った後に、ようやく姉のコメントが有った。「早く九州に帰ったら」。御尤も。謝罪と報告、終了。

午前十一時から隣の中華料理店の厨房で大好きな皿洗いの仕事と後片付け

をし、三時に一度アパートに戻り、今度は夕方六時から深夜まで、居酒屋の厨房で、嬉々として皿洗いと後片付けに精を出す毎日だった。

慈善事業の件の真意を姉が伝えに来てくれるのではないかと思い、アパートの住所も伝えてはいたけれど、やはり、姉からは何もない。かといって、私の方からお寺や姉の住いに訪ねて行ったところで、居留守を使われるのが関の山だ、と考えるようになった。アパート暮らしが始まった当初の気持ちは、九州に帰る、が二割で、大阪に居続ける、が八割だったが、徐々に、三割対七割、そして、四割対六割、と、まぁまぁの速さで変化していった。そして、それに伴い、アパートを出てすぐのところに有る公衆電話が、皿洗いのパートで通る度に気に掛かるようになっていった。

すると、ある時、「ちょっと、あんたァ、何に対していつまでもしょうもない意地張ってんのやァ、もうどうでもええからとっとと九州に帰りやァ」、と公衆電話が私にそう言ったのだ。私は、余計なお世話だ、ほっといてくれ、とも思わず、「同感です」、と答えた。

思ったが吉日。

実は、公衆電話が気になるようになってからというもの、私は十円玉や百円玉をナイロン袋に貯めていて、その小銭の出番が遂に来たのだ。

早速、アパートのスーツケースの中のナイロン袋を取りに帰り、公衆電話に戻って来た。電話に出たのは娘だった。三ケ月振りに聞く懐かしい娘の声だ。

「帰って来たら?」「うん、そうする。帰るね」

電話会談、終了。

気の毒にも、ほとんどの小銭は出番がないまま終わった。

思い立ったが吉日。

私はすぐに、不動産屋と二箇所の店の皿洗いの解約を済ませた。

私は九州を出た時とほとんど変わらない荷物をスーツケースに入れ、三ケ月間ばかりお世話になったボロアパートの一間だけの小さな部屋を、ゆっくりと見た。

小さな部屋なのに、ゆっくり見るのは初めてだった。隣りの人のくしゃみも丸聞こえの、とても風通しの良いボロアパートの住み心地は、それなりに、それなりだった。

アパートを後にし、空港に到着した。九州行きの出発ロビーで待つ間、様々なことを考えた。夫と二人の子供達のみならず、年老いた両親までをも巻き込み、みんなを苦しめたに違いない。よくよく考えると、私はいつも自分の気持ちを優先する、ワガママで自分勝手な人間だと、改めて自分を恥じた。

そして次に思うのは、子宮筋腫の件であれだけ不思議な力で助けてもらった恩の有る住職と姉だったが、そのことより大阪に来て一緒に慈善事業をやらないかと、何故貧乏神の私に声を掛けたのか、その真意さえ聞けばそれでよしとしたかったのだが、真意を聞くことはなく、今後もないだろう。

こうなったら仕方が無い。大阪という大都会に、更なる皿洗いの極意を極める為、三ヶ月間の修行に来ていたことにしよう、そう自分を励まさなければ、九州行きの出発ロビーでの待ち時間は、針のむしろだった。

搭乗時間になり、私は住職から祭れと言われていた神名を書いた小さな紙を財布から出し、半分に折り、空港のくず箱に捨て、九州行きの飛行機に乗り込んだ。

約三ヶ月間の私の大阪逃走皿洗い修行事件は、ここであっけなく終了となった。

だが、この後私達夫婦に、とんでもない人生の幕開けが待っていることなど露知らず。


それはスーツケースから始まった。

第二章

妻の神名探しと
夫に起こった不思議なこと

ただいまァ〜

大阪に行った時と同じ小さなスーツケース一つで、再び私は九州に戻って来た。

三ケ月振りの九州だ。

早速、今夜にでも家族の仕事が一段落した後に、今回の大阪逃走劇の一部始終を、正確には一部を除いた一部始終を、折り入って家族全員に謝罪と説明をするつもりでいた。

今回の件で三人からの批判と質問は当然のこととして言ってもらいたいし、その覚悟も有った。それよりむしろ、三人の率直な意見を早く聞きたいという気持ちの方が大きかった。

空港には娘が迎えに来てくれていた。

「お帰りィ～」

「ただいまァ～、ごめんねェ～、有り難う～」

一泊二日の何かの用事を終えて戻って来た母親を迎えに来てくれた風な、母と娘。

今夜、私は、一段落してから、大阪逃走劇の一部始終を折り入って話すつもりでいるとはいえ、大人ならせめて照れ笑いの一つでもすればいいものを、可愛気のない性格というか何というか、木で鼻を括ったような幼稚な自分に我ながら驚く。

ほんの一～二時間前まで、九州行き出発ロビーで、ワガママで自分勝手な自分を恥じたはずなのに、僅か一～二週間後、ではなくて、僅か一～二時間後にはこうしてすっかり元に戻っている私だ。こんなところにも、一刻も早くという持病の一刻病が蔓延していたのか。あぁ～、嫌な自分。

娘の運転で三ケ月振りに自宅に戻った。私のいないこの三ケ月間は、社会人に成り立ての娘が家事全般を任され、三人分の食事の仕度、掃除、洗濯、ゴミ出し、犬とニワトリ一羽の世話も自分が全部したと楽しそうに話して聞かせてくれた。また、弟は大学に入学したばかりだが、定食屋の仕事を手伝う為に休学の手続をしたことも教えてくれ、そして、社会人一年生になった自分の仕事の様子も、沢山話して聞かせてくれた。

この日は娘と二人で夕飯の仕度をした。台所回りも冷蔵庫の中も手入れが行き届き、よく見ると、リビングも他の所もちゃんと掃除ができている。娘はとても頑張り、そして三人が力を合わせていたことが見て取れる。

夕飯の仕度を終え、そうこうしていると、一日の仕事を終えた夫と息子が帰宅した。

休学届けまで出して働いてくれた息子と、一生懸命に家と店を守ってくれた夫が、長くて厳しい定食屋の一日の仕事を終えてようやく帰宅した。

「お帰りィ～」

「ただいまァ～、ごめんねェ～、有り難う～」。

聞き覚えのある挨拶ではないか。まさか、ほんの数時間前に娘にした挨拶と同じ、か？　同じ、だ。

情けないにも程が有る。あぁ〜、嫌な自分。

ようやく家族全員が揃い、いつものようにたわいもない話をし、いつものように遅い夕飯をみんなで共にした。私は家族全員が一段落したら折り入って謝罪と説明をした上で、三人の率直な意見を聞きたいと思い、そのチャンスを逃さないようにしていたが、何故かそのチャンスがなかなかない。

どーもこれは、逃走劇をやらかした私への思いやりから、三人はいつもより更に、たわいもない話を敢えてしてるぞ、と遅ればせながらようやく気付いた私だった。

数日経ってから夫から聞いたのだが、三人は、「逃走劇を終えて無事戻って来た母親をどう迎えるか」の議題で、父子三人の家族会議を行い、ものの一分で会議を終了したとのこと。出した答えは、「何も言うまい、聞くまい」、だったとのこと。三猿の教えの「見ざる、言わざる、聞かざる」の、「言わざる、聞かざる」で三人は私を気遣ってくれたのだが、皮肉にも私は、大阪逃走劇への三人の率直な意見を聞きたいと、そのチャンスを狙っていたので、ここは是非とも変形三猿の教えを願うところだ。その時の私に取っての変形三猿の教えは「見ざる、言え、聞け」、なのだが、この意味は、少し前に書いた大阪逃走劇での一部を除いた一部始終の部分のことだ。家族には私への批判と質問は言ってもらい、私からの説明も聞いて欲しいが、どうしても見られたくないことが有ったのだ。

いつもの遅い夕飯を終え、夫と子供達がそれぞれの自室に戻って行った。三人が完全に自室に戻ったのを確認した私に、大阪から一緒に帰宅した小さなスーツケースをようやく開ける時が来た。九州を出る時に、子供達には勿論のこと、夫にも内緒でこっそり持ち出した私名義の関東の土地の権利書を、家族の誰にも見られないよう、元々仕舞っていたリビングのタンスの引き出しに、こっそり戻したかったのだ。いくら自分名義だとはいえ、家族に内緒で権利書をこっそり持ち逃げすることができる、そんな母親だと家族に思われたくなかったのだ。実際、そんな母親のくせに。

誰もいなくなったリビングで、私はスーツケースの前に座り、スーツケースを開き、スーツケースの内ポケットのファスナーを開け、そこに手を入れた。

無い。権利書が、無い。確かにここに入れていた権利書が、消えた。そんなはずはないのに、消えた。

私はスーツケースの前で、へたった。

一体、どれくらいの間へたり込んでいたのだろうか。我に返ったからなのか、それとも、我に返る前だったからなのか、私が取った次の行動は、スーツケースの内ポケットのファスナーを元通りに閉め直し、開いたスーツケースも元通りに閉め直し、そして、新たな気持ちでもう一度スーツケースの前に座り直し、先程と同じプレーをすることだった。

スーツケースの前に座り、スーツケースを開き、スーツケースの内ポケットのファスナーを開け、そこに手を入れた。

無い。

私という人間は、想像を超える事態に陥るとこんなにも愚かで子供じみたことをするのかと、それにも同時にショックを受けた。

こんな子供じみたことをするくらいなら、いっそ、あの大阪の住職が、長い一連の数珠で、スーツケースの後ろをスルスル、スルスルと二往復ほど撫でたから、だから、権利書が消えたのだ、そう考える方がまだ大人ではないのか。いやはやもはや、どっちもどっちだ。

二回目にした同じプレーの段階で、姉と住職に騙された、そう気付いた。

冷静に説明してくれよ

これは明らかに犯罪だ。多分!!

血の繋がった実の妹を騙して土地の権利書を奪うという、れっきとした犯罪行為を犯すことのできる姉に対して、何ともいえない恐怖心が湧き上がり、大きな虚脱感に襲われた。が、しかし、こんな気持ちでへたり込んでいる場合ではない。姉に権利書を盗られてから三ケ月が経過していることを考えると、こんなところでへたっている場合ではない。そう思うと、俄然元気が出てきた私は、一階のリビングから二階の夫の寝室に、二段飛びで駆け上がり、ノックと同時にドアを開けた。

「冷静に冷静にリビングに下りてきてよッ!! 冷静にスーツケースを見

てッ!!　権利書が無いからッ!!　姉に盗られたはずッ!!　内ポケットから消えたッ!!　どうしよう!!」。

「冷静に説明してくれよ」

冷静な夫にそう言われた。

夫にそう促された私は、次のように冷静に説明をした。

まず、大阪に行く前の姉との夜毎の電話は、住職の不思議な力の話題で毎回盛り上がっていたが、ほんの時折、我が家の経済状態と資産の有無の質問がさりげなく有ったこと。

そして、私が一人で大阪に行くと決まった時、所有の土地が自分名義なら権利書持参で大阪に来た方がよいのではないかと姉からアドバイスが有ったこと。私自身も、あの土地がほんの少しでも慈善事業の役に立つのなら、むしろ嬉しいとの気持ちから持参した事。

ところが、大阪に行ってからの私に対する姉の態度はまるで別人で、慈善事業の話もほとんどなく、狐につままれたようだったこと。

そして、大阪に到着したその夜は、神経質な私が速攻で眠りに就き、朝まで一度も起きることなく爆睡したというとても不思議な体験をしたこと。

また、住職には大阪に行った三日後に会ったのだが、姉と同様、全くの別人で、私を避けているのは一目瞭然だったこと。

一週間の居候後にスーツケースを持って父親に二十万円を借りに行き、即日そのお金で大阪にアパートを借りたこと。

これらの説明を夫にしながら、権利書を抜き盗ったのは姉しかいないと思った。大阪に到着したその夜に、私は姉から睡眠薬を飲まされたのではないかと、考え過ぎだと分かっているが、そう思った。様々な疑問が全て納得に変わっていくのが、むしろ怖かった。

「何も心配することはないよ。お前の実印は俺が管理しているから、権利書だけ盗ってもどうにもならないよ。念の為に明日法務局に確認には行くけど、ぜんぜん問題ないよ。大丈夫だから今夜は何も考えないで寝た方がいいよ。お疲れ様」

そういって夫は二階の寝室に戻って行った。権利書だけ盗ってもどうにもならないと聞き胸を撫で下ろしたものの、夫は、私が黙って権利書を持ち出したことも、一人で大阪に行ったことも、姉の態度ですぐにでも九州に戻る判断ができたはずなのに、わざわざ父親に借金までして大阪にアパートを借りたことも、何一つ批判することなく、労い、そして「お疲れ様」のひと言で終わりにした。それはその後も変わることのない夫だった。夫は、今夜は何も考えないで寝た方がいいと言ってくれたが、その夜私は一睡もできなかった。

「久し振り。元気だった?・」、と十年振りに聞く姉からの電話から始まり、今日に至るまでの約半年間を思い起こさないではいられず、血の繋がった実の妹に、何故。こんなことができるのだろうかと考えていると、目が冴える一方だった。

長い夜が終わり、朝になった。

早朝四時に店に入り、休憩時間なしで一日中働き、夜遅くに帰宅をするという、いつもの忙しい我が家の毎日が三ケ月振りに始まった。社会人一年生の娘はようやく自分の仕事に専念でき、息子もようやく大学生活が始められ、私も夫との定食屋の仕事にようやく復帰することができて、再び大好きな皿洗いの毎日だ。店での他の仕事はあまりできない私だが、大都会大阪で、皿洗いの極意を極める為、中華料理店と居酒屋で三ケ月間も皿洗いの修業を積んだ私なのだ、とそんな馬鹿なことを考えている間に、夫は仕事の合間に、早速法務局に確認に行ってくれた。昨夜夫が言った通り、心配することは何一つなかった。そして夫はこうも言った。

「二十万円を用意するから、なるべく早くお父さんに返しに行った方がいいよ」、と。

有り難うとは言ったが、それは出来なかった。二十万円という父から借りたお金は、住職と姉の本当の真意を聞きたいが為に借りたアパート代に使ったお金だ。

そんなことの為に借りたお金を、店の売り上げ金から用意してもらうということは、夫婦で築いた店そのものを汚すようで、そして更には、家族みんなをも汚すようで、どうしてもできなかった。

だからといって、店の売上げ金以外のお金を誰からも借金しないで手にするということは、そもそもが物理的に無理ではないか。

立ち往生だ。困った。

人間万事塞翁が馬

そんな時だ。女神様の降臨だ。

息子が、中学時代からの友達の話を何気にしたのだ。

「あいつは中学の頃からずーっと新聞配達の仕事をしていたけど、今でも続けているのかなァ」、と。

これだっ!! この手が有った!! まさにこれだっ!! 立ち往生かと思いきや、即刻の脱出。新聞配達の仕事だと、時間的には家族や店への影響がほとんどない。またもや息子に、そしてその友達にも助けられたラッキーガールの私。父への返金は、店の売り上げ金からではなく、自分で新聞配達をしたお金で返したい旨を、早速夫に伝えた。

私の体を案じた夫はすぐには了解はしてくれなかったが、一度決めたら馬のように突っ走る午年生まれの私をよく知っている。了解するしかない。そんな夫が、気の毒にもなる。

思い立ったが吉日。

翌日、早速仕事の合間に、自宅から自転車で五分ばかりの新聞販売所に出向いた。写真を撮り、履歴書持参で出向いた。新聞配達の仕事ではないが、折込みチラシを新聞に挟む仕事を明日の朝からさせてもらえることになった。なかなか面白そうな仕事ではないか。

真夜中の二時に新聞販売所に行き、仕事を終えて帰宅をし、今度は自営業の定食屋に四時に入店するという、時間的にもちょうどの流れだった。定食屋の仕事と新聞販売所の仕事の掛け持ちは、まあまあ、ハードではあったが、歳はまだ四十過ぎだ。健康ではあったし、何よりも定食屋の売り上げ金ではないお金で二十万円のお金が用意でき、それで父への返金も完了することを思うと、私はとても満足で、気持ちも軽かった。しかも、真夜中二時の五分間の自転車漕ぎはスリル満点で、そんなオマケ付きの折込チラシの仕事は、私にはとてもよく合っていると思った。とても楽しく働いた。

新聞販売所での仕事の期間はどれくらいだっただろうか。半年ほどは働いたのだろうか。折込みチラシの仕事で二十万円を作ることができ、ようやく、実家の父にお金を返せる日が来た。

私は二十万円を持って、一人で実家に行った。

実家に到着すると、私が来ることを楽しみに待っていた両親は、いつものように笑顔で迎えてくれた。

大阪逃走劇の件で私が一人で大阪に行ったということのみを、事後報告という形で伝えただけで、何の為に行ったのかという、一番肝心な部分を両親に言わなかった娘の私。

その上、突然現われて、お金がないから二十万円をすぐに貸して、とこちらも本当の理由をそっちのけで、子供でも言わないような身勝手なお金の借り入れを、恥ずかしげもなく堂々と両親に頼んだ娘の私。

それだけでは終わらない。

逃走劇を終え、大阪から九州に戻って来たことはその日のうちに伝えはしたけれど、まるで二泊三日の慰安旅行を終えて戻って来たかのような軽いノリで両親に伝えてしまう娘の私。

四十半ばにしてこれ程までも大人になれない情けない娘の私なのに、よく来た、よく来た、といつもと変わらずとても嬉しそうに私を迎えてくれる両親だった。

そんな両親に、相も変わらず説明なしで、二十万円をテーブルの上に置いた。

案の定、父は受け取ろうとしない。それは想定内のことなので、父の性格を考え、どう言えばお金を受け取ってくれるかを考えていた。

「このお金は、大阪から帰って来てから今までの半年間、私が新聞の折込みチラシの仕事をして得たお金で、店の売り上げ金ではないので、受け取って欲しい」と言った。

すると、父はようやくお金を受け取ってくれた。

その時父が、「人間万事塞翁が馬」と言ったので、私も「そうだね」と言い、二人で笑い合ったのだが、その時の私は、諺の意味を表面的に少し知っていただけで、父がどれほどの深い思いを込めて敢えて笑顔でそう言ってくれたのか、深く考えることができなかった。

あれから三十年近く経った今でも、あの時の父の笑顔を度々思い出す。

父への二十万円の借金返済が無事終了したところで、母がお茶を入れ、テーブルの上に有る数冊の雑誌を嬉しそうに指差した。

この数冊の雑誌は、私達夫婦が五年程前に突然に脱サラをし、いきなり定食屋を始めたことで、さぞや心配をしていたはずの両親に、細やかな親孝行のつもりで郵送していた雑誌だ。私達が始めたこの定食屋は、一年も経たないうちから、とても有り難いことに、時折、雑誌の取材の依頼が有り、店と料理をタダで宣伝してもらえるという、とてもラッキーな店だった。そんなわけで、紹介記事が載った雑誌を必ず両親に郵送していたのだ。

ところが、親孝行のつもりの数冊の雑誌が発端で、これまでの自分の人生とは真逆の人生が待っているとは誰が予測できようか。スーツケースに続き、今度は数冊の雑誌が発端となり、私達夫婦は人生の大きな舵を切ることになっていく。

お金を返し終え、母の入れたお茶を三人でゆっくり飲みながらふと見ると、何度も見返してる風で、雑誌の表紙の隅にはシワが入り、目印らしき広告で作った栞も挟んである。

母が言うには、いつでもすぐに見られるようにと、雑誌はリビングのテーブルの上にいつも置いたままにしているとのこと。

親戚は勿論、友達や近所の人達が訪ねて来る都度、私達の店が紹介されているページを開き、来客に見てもらっているとのことだった。出しっぱなしの苦手な母の性格を思うと、出しっぱなしにしておいてまでも、すぐにページを開こうとする母の気持ちが嬉しく、とても細やかではあるが、小さな親孝行ができたことに私は心から安堵したのだった。

住職の嘘を暴く神名探し

だが、その直後だった。

あァ〜、こういうことかァ〜。なるほどォ〜、こういうことだったのかァ〜と、曇っていたガラスが突然スッと綺麗になってパッと目の前が明るくなったと思った瞬間、いきなり誰かに背中を蹴られ暗闇の谷底に転げ落ちたかのような衝撃が有り、気分が悪くなってきた。

そのまま両親と一緒に三人でお茶を飲むことはできなかった。私のこの、体が震えるほどの怒りの動揺を、両親には知られたくない理由が有ったのだ。

私は予定の時間より早く実家を後にし、自宅に帰り着くまでの数時間、何故このような事態になってしまったのか、今回の大阪逃走劇の始まりからの出来事を、冷静になる為にも考えてみなければならないと思った。

脱サラをし、定食屋を営むことになった。子宮筋腫が切っ掛けで住職と姉の二人と縁ができた。住職の不思議な力を体験した。慈善事業を一緒にやらないかと言われ大阪に行ったものの、慈善事業の話は嘘だった。姉はその時に土地の権利書を盗ったはずだ。大阪逃走劇の終盤辺りは、大阪で慈善事業を一緒にやらないかと声を掛けた二人の真意がどうしても聞きたくて、大阪に居座った私だが、九州に戻り、家族と生活するうちに、今回の大阪逃走劇は私自身にも非が有ったと思うようになった。それに伴い、住職と姉に対する私の感情も変化し、慈善事業を一緒にやらないかと声を掛けてきた二人の真意もいつか分かる日が来ればいいと思うようになっていた。土地の権利書がなくなったのも、九分九厘犯人は姉だと思っているが、権利書だけ盗ってもどうにもならないと知り、いつか姉がこっそりでもよいので返してくれる日が来ればいい、私の気持ちはそう変化していたのだった。

なのに、そうだったのに、母から嬉しそうに、「雑誌はリビングのテーブルの上にいつも置いたままにしている」と聞いた直後は、もう立ち上がることはできないのではないかと思う程、強い衝撃を受けたのだった。

家族や親類縁者、友人からも距離を置かれている姉なのだが、何かで私達夫婦の脱サラ後に営んだ定食屋が上手く行っていることを知り、更に情報を得る為に、何かないかと両親の留守中に実家に侵入したところ、置きっぱなしの雑誌を見て、我が家の情報を得たのではないか。もしくは、お金欲しさで実家に侵入したところ、栞の付いた雑誌に感応した姉はその時に我が家の情報を得たのではないか。どっちだったにしろ、人に言えた話ではない。私が両親に知られたくない理由は、以前姉が両親の留守中に侵入し、父の実印を盗んだらしいということを耳にしたことがあり、また数々の姉の借金問題で深く心に傷を負っている両親を、権利書の件でこれ以上苦しめたくなかったからだ。私一人を騙すのならまだしも、私の家族や両親を姑息な手段で巻き込み苦しめる姉は、なんと浅はかな人間か。両親に気付かれまいと抑え切れない怒りにブレーキを掛けようとするも、掛からない。私の感情を抑えるブレーキの性能は昔から今一つだ。ちょっと待った!! 今、ブレーキをかけてる場合か? 戦えよ!! ともう一人の私がそう言った。そうだ、戦おう!! 住職と姉の二人対私一人。兵力では負けるが気迫では勝てると雄叫びを上げ、今までにない大きな狼煙を天高く上げた。必ず暴いてやると心に決めた。その為には、まずはどうすればいいのだ。

両親の留守中に侵入したのであれば、指紋を採取すればよいのか。指紋の採取はドアノブか、それとも雑誌か。採取の仕方はどうすればよいのか。これは、どう考えてもハードルが高過ぎる。となると、残るは近所への聞き込み調査か。これならやれるかもしれない。しかし、どう聞けばよいのだ。単刀直入に、今から半年から一年程前に、私の姉がこっそり実家に侵入しているところを見掛けた人はいませんか、と聞けばいいのか。聞きたくない。どうして私はこうも浅はかなことしか思いつかないのだ。どうでもいい時もここぞという時も、バカげたことしか思いつかないじゃないか。他に何か高尚な考えは浮かばないのか。頑張れ、自分!!

八方塞がりか。困った。

その時だ。またもや、女神様の降臨。

「九州に戻ったら祭らなあかんでェ」。

そうだ、そうだった、あの神名の件が有った。あの神名の神様が本当か嘘か、まずはここから調べればいいのだ、宗教関連の本から探せば何らかの結論が出てくるかもしれないし、事実、私の子宮筋腫は消え、手術を免れた、そして、それと同時に子宮筋腫の症状はピタリと止まった、この現象は偽りのない事実だ、ならば、この神名の神様は事実かもしれない、この神名が本当だったとした時は、その時はその時でまた考えよう、とそう思った。

とはいえ、犯罪を犯す姉の不倫相手の男だ、大阪のビルの中の寺も、住職の姿も、全部インチキかもしれない、ましてや、小さな紙に書いた神名はちっとも神様らしくない漢字が並んでいるだけだが、もしや、適当に書いた神名か？　この神名が嘘だった時は、その時はその時でまた考えよう、そう思ったのだった。

又、私の大阪逃走劇の発端にもなった、大阪で慈善事業を一緒にやらないかと声を掛けてきた住職と姉の本当の真意の手がかりにもなる。又、血の繋がった実の姉の幾多の所業を思うと、姉の為にも嘘を暴きたい。その為には、まずは、祭れ、と手渡された紙の神名を調べて、住職の嘘から先に暴きたいと思った。そう夫に言ったところで、たぶん夫はこう言うだろう。

「姉の為にも嘘を暴きたいのだと言ってるお前は、一体何様なのだ。騙されたのは自分じゃないのか。それに、俺は寺の息子だから神様のことは分からないが、神名の有無で信じるものなのか。信じるとはそういうことではないはずだ。」と。ごもっとも。

なのでここは大っぴらに大宣言はせず、静かに活動を開始することにした。

思い立ったが吉日。

さア～、こうなったらもう最後。本人にも誰にも止められない。

ワクワク感の噴出が始まった。

スリー、ツー、ワン、突撃!!

我が家からすぐ近くに有る、全国規模で展開している古本屋に突撃した。古本屋に入ると百均コーナーが有った。安い割には様々な分野の本が沢山並んでいた。

お金があまりないので、私は百均コーナー専門の客になると決めた。元々、読書は好きではあったが、定食屋を始めてからここ五年ほどは、読書とは無縁だった。百均コーナーの中に、想像以上に多数の宗教関連らしき本が有ったのは意外だった。

百均コーナーだけでもこれだけの数の宗教関連の本が有るので、店内にも相当数有るはずだ。店は我が家のすぐ近くでもあり、百均コーナーで十冊買っても千円だ。しかも、十冊程度の本を読むスピードは私はまあまあ早い。となると、いかにも嘘っぽい神名の正体を暴くのは時間の問題だ。近くて、安くて、早い。

三拍子が揃った。

またもや、ラッキーガールではないか。

神名の紙は空港で捨てたが何故か鮮明に覚えている。一刻も早く探したい。宗教色の非常に薄い家庭環境で育った私は、本を読み進めていくに従い、四十過ぎにして、自分が日本の宗教である神道をあまりにも知らな過ぎて驚いた。それも有ってか、神道系の本を意外にも苦にならず読んだ。本を読むスピードがまあまあ早い私だとはいえ、早朝四時に店に入り、休憩無しで夜遅くまで働き、寝るのが深夜十二時という生活が当たり前の一日で、お弁当の注文数が多い時の睡眠時間は一～二時間ということも珍しいことではない中、それでもまあまあのスピードで読めたのは、暴いてやるぞ、という不純な動機が土台に有ったからだ。

私は、よくよく過去の自分を思い返してみても、何事も不純な動機の方が俄然勇気と元気が出る。それは私だからなのか。それとも、誰もがそうなのか。そんなことはどっちだってかまやしない。

我が家からすぐ近くのその古本屋は、とても遅くまで営業をしていて、私は仕事を終えて帰宅をすると、まずはその古本屋に行った。一刻病が持病の私は、本選びもハンパなく早い。パパパッと数冊選んですぐに帰宅。週三日は近所のその古本屋に行き、同じ行動パターンを取る私だった。

店に入る、読み終えた本を売る為に買い取りカウンターに直行、買い取り金の小銭を財布に入れる、百均コーナーに直行、パパパッと四～五冊選ぶ、精算カウンターに直行、精算、帰宅。毎回、この同じ行動を繰り返していた。

飽きることなく同じ行動を繰り返していた。

百均コーナーにも、行く度ごとに新しい古本が入荷していて、神道系の本も結構入れ替わりは有ったのだが、これだけの回数を通うとさすがに似たような内容の本が多くなる。それでも私は、近所のその古本屋に入ると、毎回飽きもせず百均コーナーに直行し、パパパッと選び、帰宅をしていた。

さすがにこのままでは神名に辿り着けないと思い、百均コーナーだけではなくて、店全体から探すことにした。

当然のことながら神道系の本は格段に多く有り、これはイケるっ、もっと早く店全体を探すことに切り替えるべきだった、と反省した。神道系の本探しを広範囲に広げてからどれくらい経っただろうか。時間が経つのは早い。存在する神名であるのならすぐに見付かると高を括っていた私は、週三回、かれこれ一年ほど探すが、見付からないことに少し焦りが出てきた。もしかすると、神名と見せ掛け、実は人名、地名、又は住職のミドルネームか、と思うと馬鹿らしくなり神名探しは中止、とはならなかったのが、自分でも不思議だった。これまで読んできた神道系の本の印象を思い返してみると、様々な名前の神様が登場し、昔話の物語的要素の文章が多く見られ、それらを読み、何を言わんとし、何に気付かなければならないのか、自分自身がそこを模索し、掘り下げて考える必要が有ると思った。文章を額面通りに読むのはあまりにも勿体ないだろう。それには豊かな想像力が重要になると感じた。又、教義が無いということそのものに、むしろ、無いからこその日本神道の持つ高度な世界観を感じた。

　仏教系の本も読むことに決め、片端から読み漁った。仏教系の本の方が俄然多く有る。インド発祥の仏教は、神道が持つ趣とはかなり違い、教義や戒律が有るのが実に人間らしく、これはこれで厳かな気持ちになる。

色々なことを感じたのは良いことかもしれないが、私には取り敢えず、別の目的が有る。今は宗教の勉強をしている場合ではない。

兎にも角にも、神名を探そう、私は。

週三回、いつもの近所の古本屋に、いつもの時間帯に入店し、入店するとすぐに右側方面から順に宗教全般の本を探し、百均コーナーでも足を止め、そのまま進み、途中でパパパッと選んだ本を精算し、帰宅。

何としても住職と姉の化けの皮を剥いでやる、を心の励みとして、神名探しに精を出していた。

だが、無い。

こうなったら、日本に捉われていてはいけない、世界に羽ばたこう、世界が私を待っている、と何を勘違いしたのか、私は世界宗教の本に手を広げる有様となってしまった。

キリスト教、イスラム教、ヒンズー教、ユダヤ教、と世界宗教のありとあらゆる本を買って読んだ。読んだというよりも、正しくは、神名を探した。神名を探してもう二年近くなる。ここまで来ると、時々、自分は一体何の為に二年近くも宗教の本を読み漁っているのか分からなくなる時が有り、そんな時は、住職と姉の企みを暴いてやるぞ、と天高く上げた狼煙を、再度、打ち上げ直すしか手はなかった。だが、世界宗教にも、無い。有るわけがない。精神的に追い込まれると少々不思議な行動を取りがちな私は、次は、哲学心理学、古事記などの本を読むに至ってしまった。神名を探して二年以上が経過。

頑張れ、自分、と少々哀れみの目で自分を励ます。

狼煙の再打ち上げへの余力はもうほとんどなく、終いには、私にとっては全く興味のない方位学、姓名判断、手相へと移行。

若い頃からこちら系にはあまり興味のない私なのだが、やけのやんぱち状態。

やぶれかぶれの私ではあったのに、古本屋巡りは相変わらずで、それどころか、それまでにも増して、いつもの古本屋のみならず、怖いことに市内全域の古本屋にまで足繁く通う始末だ。

休日ともなれば、遠くの古本屋まで車を走らせ、店内を時計回りとは逆にサーっと一周回り、パパパッと四～五冊の本を選び、帰宅。

自宅から古本屋との距離は一切無関係に、同じ行動を繰り返していた。

いつものように、あらゆる分野に渡って神名探しをしていたある日のことだ。とても面白い事件が起きた。三十年近く経った今でも、時々ふと思い出して笑ってしまう。

夫の病(やまい)

その日もいつものように古本屋に入った。いつものように時計回りとは逆にサーっと回っていると、見覚(みおぼ)えの有る名前に目が止まった。

本は、手相占(てそううらな)いだ。

見覚(みおぼ)えの有る名前だとはいえ、高校時代の友達のあの男の子が、性格的(せいかくてき)に占いの本を書くとは到底(とうてい)思えない。応援団(おうえんだん)の団長(だんちょう)や柔道部(じゅうどうぶ)の主将(しゅしょう)タイプなので、占(うらな)いと彼(かれ)が結(むす)びつかない。多分(たぶん)、同姓同名(どうせいどうめい)の人の本だろうと思ったが、念(ねん)の為(ため)に、本の一番最後のページに記載(きさい)されている筆者紹介(ひっしゃしょうかい)を見た。

すると、何と名前は勿論(もちろん)、出身地(しゅっしんち)の町名までもが一緒(いっしょ)ではないか。

ウソォ～!!あの男の子がァ～!!手相占いの本を出版(しゅっぱん)～!!マジでェ～!!

ガッチリとした大柄の体でドシドシ歩いていたあの彼の人生に、一体何が起きて手相占いの道を歩むことになったのか、人の一生って分からないものだなァ、としみじみ思った。それにしてもあのゴツイ体のゴツイ手で女性客の手相を観ている姿は、ん〜、どう考えても似合わない、だが、体型と手相とは全く関係はない、もしかすると、手相占いの似合う雰囲気にすでになっていて、そのまま仕事に専念しているかもしれないし、やっぱり不向きだと断念し、本の出版も一冊限りなのかもしれない、だとすると貴重な一冊ではないか、ここは神名探しの一冊としてではなく、友人が出版した貴重な一冊として買おうと思った。

帰宅してすぐに夫に話した。本も見せた。

百均コーナーの本なので百円で買った本だ。

「ヘェ〜、自分の周囲に本を出版している人ってあまりいないよね、しかも手相占いかァ、高校時代の懐かしい友人との再会が古本屋さんで、その上、百均コーナーかァ、それはそれでよいねェ」。

何がよいのか不明だが、私はすぐに彼の本を読んだ。いつにも増して丁寧に読んだ。彼の本でなければ占いの本を丁寧に読むことはなかっただろう。

これまでの私だと、神名探しが目的の為、手相占いの本を読みながら同時に自分の手のひらを観るということはしなかったが、この本は違った。ナンたって、高校時代の同級生の友達が一生懸命に手相を勉強して出版した大切な本だ。これが最初で最後となる記念すべき本なのだからと、捨てないで家に置いていたピンク色の綺麗な包装紙でブックカバーを作り、彼の手相占いの本を丁寧に包んだ。

ところがドッコイ。最初で最後となるはずの彼の手相占いの本の二冊目を見つけた。

すご～い!!　二冊も出版してたんだァ～!!

と思い手に取ると、一冊目の本とは題名と内容の違う確かに彼の手相占いの本だった。この二冊目こそ最後で、さすがに三冊目はないはずだと思い、一冊目と同様、大切に丁寧に読んだ。いくら何でも二冊目のこれが最後だろうからと。

ところが、ヨミはハズレた。

この約二年間、彼の本を一度も目にしなかったのは何故だったのかと思う程、一冊を皮切りに三冊目四冊目と目にするようになり、毎回丁寧に自分の手のひらと見比べて読んだ。

そんなある日のこと。本のカバーか何かに珍しく著者の写真が載っていた。

違う人だった。まさかの、別人だった。

よくよく見直してみると、苗字と町名は同じだが、名前が違っていた。同じ町の出身で、一〜二学年上の先輩の男性だった。私は友達の名前を間違えていた。私はそのことにとてもショックを受けた。友達の名前を間違えたまま、しかし心のどこかで、あの彼の性格で手相占いの本を、しかも数冊にわたって出版していることを、内心不思議に思ってはいたが、しかし私は、本を読む度に懐かしい友の顔を思い浮べながら大切に丁寧に読んでいたのだ。

何年経っても思い出し笑いができるこの勘違い事件も過ぎ、いるのかいないのか分からない神名を相も変わらず追い掛け続けていた。追い掛け続けて二年以上は優に経っただろうか。見つかったのだ、夫の大腸ガンが。

幸いにも夫の大腸ガンは初期の段階だとのことで、早速、手術日が決まった。

その間、長男は再び定食屋の仕事を手伝うことになり、大学を休むのは、母親の大阪逃走劇に続き、今回の父親の大腸ガン手術で二回目となった。

娘は娘で、少しは仕事に慣れてきたとはいえ、また母親の大阪逃走劇の時ほどではないにしろ、仕事と家事の両立は本当に大変だったはずだ。夫の入院中は、料理担当が息子で、私はいつもの皿洗いと買い出しだった。夫と息子がチェンジしただけで、私の仕事内容は変わらない。というより正確には、変えられない。

手術が無事終了した夫は、二週間の入院で済み、これから帰宅をすると連絡が入った。珍しく店の前でタクシーが停まったので、息子と二人でタクシーを見ていると、降りて来た客は夫だった。夫は家に帰らず、病院からそのまま店に直行したのだ。

皿洗いと買い出ししかできない私なので、夫は息子を案じたのだ。

病院から店に直行した夫は、その直後から激務の毎日が始まった。入院期間中に溜まっていた伝票、帳簿の整理等で以前に増して忙しく、激務の毎日だった。

だからなのか何なのか、退院してほんの数日後から、昼夜を問わず夫のトイレ通いが頻繁となり、十日後辺りには尋常ではない回数となってしまった。

何せ狭い店なので厨房から一番奥のトイレに行くのは十数歩のほんの僅かな距離なのだが、客が溢れ返っている時間帯に夫がトイレに行くのは至難の業。兼用トイレ、一個のみ。バイト生がオーダーの為狭い通路にいる、狭い通路の際に無理矢理置いているセルフのお茶、そのお茶を入れている客、バイト生が料理を運んでいる、精算の客がレジにいる、狭い店内はごった返しの大騒動。男女兼用トイレは、いずれにしろ使いにくいものだ。どうにも我慢できない時の夫は、近くのコンビニに駆け込む為、トイレ使用料として買うペットボトルのお茶が、狭い店内の狭い倉庫に溜る一方だった。

だが、店でのトイレより更に厳しかったのは夜中のトイレだった。

それでなくとも、一日の睡眠が三〜四時間と比較的少ない中、夫の夜中の激しいトイレ通いの日々が始まったのだ。退院して間もなく、三〜四時間の睡眠時間中に十回程もトイレに行く夜が続き、そんな状態が一〜二ケ月にもなり、夫は精神も肉体も限界状態となった。

後になって不思議に思うのは、何故すぐに病院に行かなかったのだろうかということだ。

退院後早々に尋常ではないトイレ通いが始まったのだから、お世話になった病院にとっとと診察に行けばいいものを、その時の私達夫婦には、不思議なことに病院に診察に行くという判断が何故か欠片もなかったのだ。

そして更に、異常事態なので病院に診察に行こうという正常な判断が思い付かないだけのことはあり、私はまたもや、正常ではなく全くもって異常なことを思い付いたのだった。それは、例の神名を祭ってみたらどうだろうか、ということだった。

神棚の水

普通に考えると、週三日、二年以上も探して無いとなれば、騙されたと思い、探すのを中止するのが比較的正常な判断なのだと思う。ましてや、この場合は、九分九厘犯罪に手を染めたであろう姉の、その姉の不倫相手の男が言った神名だ。その上、そもそも本物の住職かどうかも分かったものではない、むしろ、姉と同類の男ともなれば住職に化けた詐欺師だと考える方が、正常な判断ではないか。とはいえ、私が子宮筋腫であることを言い当てて数珠で腰の後ろを撫でて子宮筋腫を早刻消した、私にとっては恩の有る人でもあるのだ。その恩人が祭れと言った神名でもあるのだ。この得体の知れない、全くもって神様らしくもないこの不気味な神名を祭ることには、確かに勇気がいる。だが、夫のあの、昼夜問わずの厳しいトイレ通いが少しでも軽くなるのなら、祭ることで何かが起こっても仕方が無いと思ったのだ。あまり良くないことが起こるとしたら、それは多分私に対して起こるはずだと思ったからだ。

　何かが起こるとしたら私に対してだろうと思ったのには、十分な心当たりが有るからだ。あまり大きな声では言いたくないのだが、実験をしてみるのもアリではないかと思ったのだ。優に二年は経過する神名探しは、このまま何年も続けていても同じではないかと、ならば、決着を付ける為にもこの曰く付き神名を祭ってみるのもアリではないかと思ったのだ。冷静に考えてみると、夫の厳しいトイレ通いを純粋に心配する妻の深い愛情というよりも、神名探しに音を上げ、この神名が嘘か本当か夫を使っての人体実験だともいえる。得体の知れない不気味な存在とは、本当に神名のことを指すのか、はたまた実は妻の私だったのかは議論が分かれるところだが、神名探しに二年以上費やしていることや、神名が嘘だということに決着を付けるのは困難であることを考慮してもらい、情状酌量の上、是非とも減刑の処罰を願う次第で、又、世間の皆様には署名活動の協力を願う次第だ。さア、この得体の知れない神名を祭ることで鬼が出るか蛇が出るか、はたまた、夫はどうなるのか。賽は投げられた。

思い立ったが吉日。

その日の夜、早速、一階に有る自室の押し入れの上段の、観音開きの天袋を祭壇代わりにしようと思い、天袋の片側を空っぽにした。翌日も私の担当の買い出しを早めに終え、ホームセンターに向かった。店に戻る時間がいつもより少々遅くなっても何も問題はないのだが、「悪い」ことをしている時は、何事も通常通りのほうが怪しまれない。ホームセンターで、神棚、ローソク、ローソク立て二個、水器一個、とそれぞれ一番小さな物を買い、その足で花屋にも寄った。

宗教色の極端に薄い私の実家にも、目立たない所に小さな神棚が有り、何故か祖父一人だけが植物を供えていたが、その植物の名前を知らない私は、

「神棚用のを下さい」と言った。すると、花屋のおじちゃんが、「あの榊、半額でよかッ」と言った。

　おじちゃんが指差す方向を見ると、階段下の陽の当たらない隅っこのバケツの中に、萎れた植物の束が一つ入っている。どう見ても捨ててあるとしか見えなかったが、いつもの買い出しの時間をオーバーしたくないので、その萎れた半額榊を買った。

　通常だと買い出しを終えるとすぐに店に戻り仕込みの準備に入るのだが、今日は店に戻る前に自宅にも寄らなければならない。自宅に寄ってすぐに、台所に有った空きビンに萎れている半額榊を入れ、神具と一緒に見様見真似で天袋の片側の方に並べ天袋の戸を閉めた。いつもよりほんの少し遅い時間にようやく店に戻った。見ているだけで可哀想になる程夫は何度もトイレに行った。そして、今日も長い一日をようやく終え、私達は帰宅した。私はすぐに一階の自室に入り、心を落ち着かせ、ボールペンで神名を書いたのだが、神名を書くという行為は初めてだった。準備は、できた。

だが問題はここからだ。この問題をどう乗り越えるかを仕事をしながら一日中考えていたが、夜になっても答えは出ないまま。何しろ夫は、室町時代から脈々と続く伝統ある寺の次男として生まれている。

夫はサラリーマン時代、会社の初詣で神社に参拝に行く以外、神社に行ったことはない。

寺の息子と結婚したのに、神社仏閣にはほとんど興味はなく、むしろ宗教関係については批判的で、初詣も興味なく墓参りもしない、私はそんな妻だと夫はよく知っている。九分九厘犯罪を犯したであろう姉の、その姉の不倫相手の男から祭れと言われた神名だということは夫は知っている。

その逃げ惑う神名が嘘か本当か、二年以上も捜索途中の状態が続いていることにも夫は気付いている。ざっと数えてマイナス要素が、四個。

唯一夫が知らないことは、自分が実験台にされているということだ。これが最大のマイナス要素かもしれないのだが、いずれにしろ、マイナス要素、五個。

万事休すか。女神様の降臨はないものかと様々思いあぐねていると、その夜の第一回目のトイレ通いに実験台の夫が一階に下りてきた。トイレが終わり二階に上がろうとする夫に、「ちょっと待って!!」と咄嗟に口から出た。「ちょっとこっちに来てここに立ってよ!!」と、心の準備ができていなかった私は、私の部屋の押し入れの前にやや強制的に夫を立たせることとなってしまった。

夫は少し怪訝な顔をしながら、

「押し入れ? 何? 何で?」。ごもっともだ。そう言いながらも夫は押し入れの前に立った。ここで夫を逃がしてなるものかと、私は急いで天袋の即席祭壇の扉を開けた。両脇の萎れた半額榊は更にうつむいてはいるが気にせず、「トイレ通いが治まるとよいなと思って!! この水器のお水、飲んでみない!? 飲むだけでいいから!!」、と思わず言った。まさか、水器のお水を飲むなどそんな不衛生なことには考えも及ばない私は、自分の言った言葉に驚きつつ、「ちょっとそのままジッとしていて!! コップを持ってくるから!!」、と夫が逃げないよう、駆け足で台所にコップを取りに行った。

　コップを持って戻ってみると、すると、これはテレビのドラマのシーンか何かなのかと錯覚をする程の事態が繰り広げられていたのだ。夫は自らライターを取りに行き、手慣れた手つきでローソクに火を灯し、拝礼をし、そして柏手を打ち、私が持って来たコップに水器のお水を移し、さっと一気に飲んだのだ。

　呆然と立ちすくむ私に、

「ありがとう、おやすみ」

と顔色一つ変えずそう言い、何事もなかったかのように二階の自室に夫は戻って行った。夫の言動一つ一つに呆然としたが、それと同じに、もしかしたらそれ以上に、自分自身の言動一つ一つが信じられない思いだった。寺生まれの夫の許可を得ることもなく、いくらトイレ通いが激しいからとはいえ、嘘か本当か未だ不明の神名を祭り、勝手に祭壇を作ったことをどう言い出そうかと思案中に、お水を飲めと自分の発想の中に欠片もない言葉が自分の口から出た私。自らローソクに火を灯し、拝礼をし、柏手を打ち、水器のお水を飲んだ夫。これは夢を見ていたのか、それとも現実だったのか。

その夜、夫がトイレに行かない。一度も行かないのだ。以前の静かな我が家の夜なのだ。こんなことが有っていいのか。

翌朝、夫が言った。

「不思議だよ、神棚の水を飲んでからというもの、今の今まで一度もトイレに行かなかったよ、数ケ月振りに朝までゆっくり寝たよ」

夫、四十七歳。妻、四十五歳。

二人が同時に体験した霊的な現象だった。

この頃の私は、神名探しの為にすでに詰んだ様々な分野の本から、必然的に霊的な知識をある程度は得ており、不思議な現象を単に手放しでは喜べない場合が有ることも理解していたが、しかし、神棚の水を飲んだことで、医学や科学では到底計り知れない、人間の力ではない何かとてつもなく大きな力が存在するのかもしれないと思えるような、とても重要な体験をした。

夫のトイレ通いが完全に通常に戻ったのだから、あの神名は本当の神様だったのだと思い、神名探しはもうやめるのかと思いきや、夫のトイレ通い事件が更なる拍車となり、私は新たな気持ちで神名探しをしようと思うようになった。住職と姉の企みを暴いてやるぞと雄叫びと狼煙を上げた私だが、神名探しに伴い様々な分野の本を読み漁っているうちに、私自身の価値観が変わったからか、又は怒りの感情が比較的長続きしない傾向が昔から有った私だからか、そんなことはいつの頃からかどうでもよくなっていた。それよりも、宗教とは違う観点で、霊界の仕組みをもっともっと深く知りたいと、強く思うようになっていた。このまま霊界の仕組みを学び続けながら、いつか神名の謎解きができればよいと、夫のトイレ通い事件が切っ掛けとなり、神名探しに新たな拍車が掛かった。

神名探しが終了した日

この頃の私は、相も変わらず市内中の古本屋巡りに精を出していた。

平日の夜は、古本屋の営業時間の関係もあり、帰宅してすぐに一番近くのいつもの古本屋に行くことが多いのだが、定食屋の休日ともなれば、市内中の古本屋巡りをしていた。

古本屋の見過ごしを防ぐ為に、毎回同じ道を走って、同じ順番で古本屋巡りをしていた。そんなある日の夜。

この日は平日で、仕事を終えていつもの近所の古本屋に行き、店内をいつものコースで歩いていた。この頃は、世界宗教や占い系の本を手に取ることはなく、主に神道系の本を中心に探していた。店内でパラパラッと数ページだけ本を読むということすらせず、タイトルだけ見てパパパッと四〜五冊買うというのがいつもの私なのだが、この日はちがった。店内に入って最初の一冊目の神道系の本を手に取り、何気なくパラパラッとページを捲ったのだ。すると、んッ、と一瞬、見覚えの有る神名らしくない神名の漢字が目に入った。私は思わずパタンと、すぐに本を閉じ、その一冊だけを持ってレジに行き、百円の支払いを済ませた。

やっと見付けた、という気持ちと、あれは気のせいだったかも、という気持ちで、恐る恐る本を家に持って帰った。

帰宅をしたものの、すぐには本を開けられない。用もないのにわざと夫に話し掛けたり、わざと台所に行ったりと、何故か敢えて本と距離を置いてしまう。

それだけならまだしも、風呂に入った。体を清めてから本を開こうと思ったわけでは決してない、ただ本と距離を置きたかっただけ。そうだ、みんながいなくなってから本を開こう、そうだそれがよい。

その時が来た。

本を手に取り開こうと思ったら、んっ、何だかこの感じは少し前にも体験したぞ、とよくよく思い返してみると、確かに有った。

大阪逃走劇を終えて帰宅したその日の夜、みんながいなくなるのを待ってこっそりスーツケースを開けた時、あの時と同じだ。

何だかイヤなことを思い出してしまったではないか、こんなことならとっとと古本屋で神名を確認してから帰宅すればよかっただの、あれこれ悔やみながら本を開くと、探し求めていた神名がそこにちゃんと有った。

神名探しをして僅か二年半程の短い期間ではあったが、私にとってはまあまあ長かった。

その間、神名を見付けたその瞬間の私はどんなリアクションを取るのだろう、と時々想像をしていた。

ドラマでよく見掛ける喜びのシーンのように、両手で本を胸に抱きしめ、満面の笑顔で斜め四十五度を見上げる乙女の私なのだろうか。

それとも、
七色の虹をバックに、満面の笑顔でL字型に体をのけ反らせ、青空に向って高くジャンプする青春ドラマの主人公の私なのだろうか。
もしくは、
家族のみんなが寝静まるのを待ち、自室で一人で踊り狂う不気味な私なのだろうか。
どれも違った。
確かに感無量で神名を二〜三度も見返したが、そのまま静かに本を読み続けていた私だった。私の神名探しはこの日で終了した。

第三章

人生を話し合う場所ができたこと

手相を観て下さい

脱サラ父さん運転の激安オンボロ車は、かれこれ七〜八年ばかり走り続けていただろうか。店としては地域に定着した感は有り、経営的には順調で、私の仕事は相も変わらず皿洗いと買い出しだが、夫も私も仕事の忙しさに慣れ、仕事が一段落した時のバイト生とのおやつタイムには、雑談に花が咲いていた。そんな時、バイト生の恋愛話になり、男性にフラれそうだと言う。人の手相を観たことはない私だったが、バイト生の手相を観ることになった。神名探しの関係上、占い系の本も数多く読み、高校時代の友達が出版した本だとばかり思って読んだ例の手相本勘違い事件で、大切に大切に丁寧に丁寧に、自分の手のひらと見比べながら数冊読破もしている私だ。プロ並みの手相観だとふざけながら、そのバイト生の手相を観ていた。するとそのバイト生が、自分が通う大学仲間達に、「私がバイトしてる定食屋のおばちゃんの手相鑑定が意外にも当たるよ」、となに気に話したらしく、一人、二人と、大学仲間が手相を観て欲しくて来店をするようになった。

さすがに店内が溢れ返る時間帯に手相を観て下さい、とはならないが、一段落した空き時間に、勿論私も無料のお遊び感覚で、日にほんの二〜三人の手相を観るようになった。そんな時、市内に有る百貨店から、催し物イベントに一週間参加をしてもらえないかと依頼が有り、その期間中の一週間は定食屋を閉め、イベント会場に出店し、そこでバイト生達と共に仕事をすることとなった。

そのイベントに「手相無料で拝見」、というコーナーが設けられていて、そこには男性の手相鑑定士がいた。

一段落し昼食を取る為、バイト生と私は食事に出掛けた。すると、そのバイト生が、手相無料拝見でどうしても観て欲しいと。しかも、私と一緒でなければイヤだと言う。

若い頃から占いに興味のない私は、というより、占いそのものが好きではない私は、仕方なくバイト生の付き添いとして、一緒に中に入ることになった。

案の状、絵に描いたような想定通りの展開だ。

「どうぞどうぞ、無料ですからあなたもどうぞ」、と男性鑑定士にそう言われ私も観てもらう羽目となった。私の人生初の手相占いだ。すると、「珍しいですねぇエ、手相占い師にピッタリの手相ですねェ。私がタダで教えますから私の弟子として手相の勉強をしませんか」、と。人生、何が起こるか分からない。

手相鑑定士の弟子にならないかと言われた。半分当たっているような、当たっていないような。私は丁重にお断りして、バイト生を引っ張るようにして「手相無料で拝見」のコーナーから脱出した。

無事脱出したはいいが、少々困った問題が勃発。

男性手相鑑定士の言葉を私の横で聞いていたバイト生が、大学仲間に、「定食屋のおばちゃんは手相占い師に向いているらしいよ」と、何気なく話したらしく、定食屋の一番忙しいごった返す時間帯にまで、「私も手相を観て下さア〜い」となり、忙しくて今は観ることはできないとの説明も、店内の狭い通路ではとても手間取り、てんやわんやの大騒動。そこで取った策が、実に安易。

手相占い（無料）は夕方の時間のみです

そう店の隅に押しピンで張った安易なお知らせの紙が、まさかの舵切りになろうとは。

人生、何が起こるか分からない。

定食屋が一段落する夕方の時間になると、学生さんのみならず、ＯＬさんや主婦の客までもが手相占いを希望し、定食屋の夜の忙しい時間帯に少しずつ食い込むようになってしまった。

その為、翌日の仕込みの準備などのしわ寄せが、全て夫に行くようになったのだ。

そうこうするうちに、夕方四時にお願いしますと、お弁当の注文かと思いきや、手相の予約の電話までもが入るようになってしまった。

そこで夫婦は考えた。こうなる原因は、無料というところに有るのではないかと。

考えあぐねて取った策が、更に安易だった。

手相占い　五百円　夕方の時間のみです
店の隅に、そうお知らせした紙を、押しピンで張り直した。

我が定食屋は、どの定食も一律五百円という、五百円定食の店だったので、手相占いも五百円にしたのだ。又、定食屋がする手相に客が集まったのは無料だったからで、五百円という占い料金を発生させることで、占いが目的の客を防げると思ったのだ。名案だと思った。ところが、この五百円のお知らせの張り紙は、それはそれはお見事に裏目に出た。

どう、裏目に出たかというと、「お店が忙しい中、無料の占いをお願いするのは却って言いにくかったのですが、有料となるとむしろお願いしやすいですゥ〜」

ごもっとも!!

後になって不思議に思うのは、そもそも私は占い師ではないのだから、手相占いそのものを、とっとと中止にすれば済んだ話ではないか。あれやこれやと張り紙をしなくても済む話だ。どうしても張りたいのなら、占い希望の人は占い処へどうぞ、とか、私は占いが性に合いません、等と書けば済むことだ。

それなのに、何故、好きになれない占いを続けようと思ったのか、とても不思議だった。ん〜、このセリフ、確か少し前にも似たようなことを思った時のセリフではないのか。

変形手相主観占いへ

そうだ、夫のトイレ通い事件の時とよく似たセリフではないか。

あの時も、尋常ではない夫のトイレ通いに、何故、とっとと病院に診察に行かなかったのか、後になってとても不思議に思ったではないか。

トイレ通い事件も占い定食屋事件も、この二つの事件の解決策は、そもそもが思いあぐねる内容のものではないはずなのだが。

定食屋の座席数は二十二席。そのうちの二席を、一段落した夕方のみ、手相占いの席とした。二人掛け用の小さなテーブル席ではあるものの、五百円という料金を頂く以上は、自分の占いに対する考え方は抜きにして、手相のみに神経を集中させてはいた。しかしその客のことを真剣に考えれば考える程、いつの間にか自分の主観も真剣に伝えていた。私達夫婦が仕事を始めた当初は早朝四時に店に入り、深夜十二時に帰宅できれば早いくらいの毎日だったが、この頃は徐々に仕事の段取りが良くなり、早朝四時に店に入るのは変わらなかったが、閉店後は時間の余裕もできるようになった、神名探しも終了していたこともあり、夜の手相占いも可能ではあったが、夕方だけの一～二時間の僅かな時間にとどめた。一～二時間とはいえ、その間の定食屋の仕事のしわ寄せは、全て夫に行ってしまった。

一日一～二時間の僅かな時間なので、手相占いの客は多くは観れなかったが、この間の手相占いは、私達夫婦のその後の人生にとても大きな影響を与える切っ掛けとなった。それに気付いたのは、ずーっと後になってからのことだった。

一日一～二時間の僅かな時間ではあったが、占いに対する私の考え方は少し変わった。

まず、私は昔から占いが苦手だったのだが、占いそのものに問題が有るのではなく、占いに執着する考え方に問題が有るのではないかと思うようになった。

占いに縋る以外、その時は他に道がなかった人達もいれば、占いをゲーム感覚で楽しむ人達もいる。また、以前占い師に言われた言葉に数年経った今でも立ち直れない人達もいれば、占い師の言葉に勇気をもらい積極的になった人達もいる。こういう世界も有るのかと思うようにはなった私だった。

とはいえ、例えば、好きな人ができた、これから先この好きな人と自分はどうなるのだろうか、又は、新しく仕事を始めたい、どの仕事が自分に向いているのだろうか、又は、家を建てたい、どの方向の土地が良い運勢でどの様な間取りが運を呼ぶのだろうか、などは、私にとってはとても不思議な質問だった。たまたまそういう相談がある人達ばかりが私の手相占いに来ていたのかもしれないが、私は、手相を観ながらも、「それは占いで答えを出すことではなく、自分で考えることだと思います」と、占いと同時に、私自身の主観を言ってしまう、変形手相主観占いという妙な場所になっていった。そんなある日の昼間のこと。

夫が突然こう言った。

「いくら何でもこの店は狭過ぎる、この狭い店舗で定食屋と手相占いをこのまま続けるのは無理が有る、関東の持ち家はすでに売却し今の住いは借家だ、今度は九州に家を建てよう、今度は店舗付き住宅だ、そこのコンビニで住宅情報誌を買ってこい」

夫が言い終えると同時に、私はコンビニに住宅情報誌を買いに行った。

とても分厚く持つのも一苦労する程の厚みの住宅情報誌を何冊か買って帰った。夫と私は一冊を選び、その一冊の中から、広い割には一番安い土地を一つ選んだ。

ん〜、このセリフ、確か前にも似たようなことをした時のセリフと同じではないか。

疎ら雑貨と手相批判の店⁉

そうだ、今から八年程前、この定食屋の店舗物件を借りた時と同じセリフではなかったか。とても分厚い百円の住宅情報誌の中の一冊から、一番安いこの物件を選び、その場でこの激安オンボロ物件に決めた、あの時と同じではないか。

思い立ったが吉日。

夫はその直後に不動産屋に連絡を取り、その日の夜、私達は不動産屋から聞いた住所を頼りに早速、その土地を見に行った。

その土地は市街地の外れに有り、民家も外灯も疎らな為非常に暗い状況の土地だった。

しかも、この辺り一帯が人間の背丈ほどもある背の高いアシに覆われていた。真っ暗な夜だったこともあり、一見、大草原が広がっているかのように見えた。

私達はその土地の付近に漂う大草原の雰囲気をとても気に入った。

「多分、この土地で間違いないよ」

と夫が不動産屋に教えてもらった土地の横に車を停めた時、この土地を買おう、と私達はそう思った。

車から降り、真っ暗な中で電信柱の外灯の灯りに少しだけ照らされた土地を見た時、私達はこの土地に住むことになる、そう思った。

翌日、早速夫は不動産屋に買いたい旨の連絡をし、この土地の所有者と値引きの交渉をしてもらい、ローン融資を受ける銀行の紹介もしてもらい、建築工務店も紹介してもらった。全てがトントン拍子というわけにはいかなかったが、不動産屋の誠意有る対応のお陰で、無事、店舗付き住宅を建てることができた。

夫、52歳。妻、50歳。

僅か一年弱の短い間だったとはいえ自分の意志とは違う、まさかの占い定食屋となってしまったが、夫の一声が切っ掛けで店舗付き住宅も建ち、そのお陰で占い定食屋から本来の定食屋に、無事戻ることができた。

走り続けてまだ日は浅いとはいえ、脱サラ父さん運転のオンボロ車は、今度は父さん一人の運転で走り続けることになった。

一方、新しく建てた店舗付き住宅の駐車場に一番近い所を、手相占いの仕事場とした。

同じ市街化調整区域でもこの辺り一帯は民家がとても少なく、商売には相当不向きな土地だ。なので看板を立ててもほとんど意味は無いが、夫はカラスが見てくれるだけでも良いと思ったのか、手作りの看板を立てた。看板は『雑貨と手相の店〇〇〇』とした。

何故手相の上に雑貨という文字が付いているのかというと、この土地は更に厳しい「生活に即した商売」という建築基準法を有する条件付きの土地だそうで、それに法り、生活雑貨を扱うこととなったのだ。

市役所の担当者の確認も済み、全て整った。駐車場に一番近い部屋を雑貨と手相の店にする為、雑貨の仕入れと値札付け、又、商品の配置等、県外に住む娘がしてくれ、店らしくなった。賽は投げられた。

脱サラ父さん運転の良いとこなしの激安オンボロ車とは真逆の、脱専業主婦母さん運転の、新車ピッカピカ車は、住いは真後ろ、トイレもすぐそばと良いとこだらけである。この新車の行く手は如何に。

新築のこの家は、私が間取りを決めて工務店に建ててもらったのだが、手相占いの仕事場以外に、私達夫婦にとってとても重要な場所が二つあった。

一つは、和室に堂々と置いた神棚だ。借家時代の、例の夫のトイレ通い事件で、天袋に作った即席祭壇に置いたあの小さな神棚を、寺の息子の夫が堂々と和室に祭ったのだ。

もう一つの重要な場所は、家の真ん中辺りに設けた中庭だ。即席祭壇の両脇に置いたあの萎れた半額榊を中庭に植え替えたのだ。太陽の光も土もなく、水だけ入った過酷な環境の空ビンの中で、小さな根を出し、新しい葉も付け、小さな白い花まで咲かせた大切な半額榊であった。

家が建ち、鉢から家の中庭に植え替えた時の半額榊の大きさは、三十センチ程だった。

二十年程経つ今の半額榊は、屋根を優に越える大きさにドンドン育ち、何度も剪定を繰り返している。今では息子がその剪定を引き継ぎ、管理をしてくれている。

朝になると私は、ほんの僅かな期間だったとはいえ、占い定食屋時代に言っていた、占いに答えを求めるな、とか、自分の好みで進むべき、とか、なるようになる、などの自分の主観を言うのはやめようと、自分に言い聞かせていた。この店の看板は、雑貨と手相の店、とそう書いてあるではないかと。今から思うと、やはり手相というものの真髄を私自身分かっていなかったからだと反省をしているのだが、問題を抱えている人と話せば話すほど、自分の主観を言ってしまうそんな私だった。また、様々な困難を多少なりとも乗り越えたお陰で、目の前に起こることへの自分の受け止め方も少しは成長して変わってきたのではないかとの自惚れが有ったのだろう。私は、占いに頼ってはいけない、自分で考えるべきだと、ある時この場所を尋ねて来た数人のプロの占い師の人にまでそう言ってしまった。ここは手相占いの場所ではないか、と自分に言い聞かせていたのだが、ついつい本心が口から出てしまう。それなのにどうしたことか、客は増える一方となった。客の目的は私の主観を聞く為ではないはずだが、やはり、手相に頼る限り、あなたの人生は何も変わりません、とまで言ってしまう私。大きなお世話だ。

駐車場の看板には、雑貨と手相の店、とある。それなのに、雑貨の商品は残り少なく、しかし、仕入れの時間が無く商品は疎らなまま。それでなくとも問題発言多発中の手相占い。遂に怒って帰る人まで出てきたではないか。もはや、手相占いどころの話ではなく、変形手相主観占いもブッちぎり、泣く子も黙る手相批判まくし立て屋ではないか。

ならば看板を変えるべきだ。

疎ら雑貨と手相批判の店　〇〇〇

この看板なら私はとてもしっくりくる。

ん〜、この状態は、初めてじゃあない。いつか同じような状態の時が有った気がする。

あァ〜、思い出した。以前定食屋で、張り紙の言葉を「手相占い（無料）は夕方の時間のみです。」から、「手相占い　五百円　夕方の時間のみです。」に直し、その後、その件でああでもないこうでもないと言っていた時と一緒だ。

張り紙が木製の看板に変わっただけで、ああでもないこうでもないと、数年も経った今でも同じことを言っているではないか。

ほんの一〜二ページ前には、目の前に起こることの受け止め方が変わってきたように思うとイイカッコして書いたばかりではないか。

激安オンボロ車運転の父さんと、新車ピッカピカ車運転の母さんが、それぞれ別の車を運転するようになってどれくらいが経った頃だろうか、夫の体調が悪くなってきた。病院に行くと、体の様々なところに故障有りとのこと。

無理もない。僅か十五年ばかりだがしわ寄せが全部夫に行ってしまったのだ。

むしろ、脱サラ父さんが、このオンボロ車をよくぞここまで運転したものだと思う。

体調不良を切っ掛けに、この際、思い切って定食屋をやめてはどうかとなり、早速、夫婦二人会議を行うこととなった。

やめる、と決まった。何をもって、この際なのか、腑に落ちるような落ちないような。会議所要時間、十分。

営業年数が短いからなのか、お気楽な性格だからなのか、会議の時間はそれほど必要としなかった。やめると決めて、スッキリした。夫は重病ではなかったとはいえ、早速病院通いが始まったのだから、本当は夫婦揃って気楽にスッキリしている場合ではないのかもしれないが、第一章の冒頭にも書いたように、

本来夫婦共々少し軽めな性格ではあるが、なのだ。

夫の病院通いが始まった。

ほんの数年前に、夫は神棚のお水を一回飲んだだけでトイレ通いが止まり、それ以降、あの尋常ではないトイレ通いは一体何だったのだと思うほど不調が消え去った体験をした。そんな不思議で有り難い体験をしたのならば、再び神棚のお水を飲んでもいいようなものだが、夫は飲まなかった。

私に至っては一回も飲んだことはない。決して神棚に置いたままの水器のお水を飲むことが不衛生だと思ったからではない。私の場合は飲む機会がなかったからである。

いずれにしろ、私達夫婦は、新しい家にはとても小さな神棚ではあるが

堂々と祭壇を設け、又、四方からよく見えるようにする為、半額榊を植樹する中庭を設けた。寺の息子として生まれた夫が堂々と祭壇を設けたのは、万教同根といってしまえばそれだけのことかもしれないが、そう簡単なことではなかったはずだ。

夫が神棚のお水を気安く飲まないのは、人間の目には見えない何らかのとてつもなく大きな存在に対して、畏敬の念のようなものが有るからではないかと思う。

人生を話し合う場所

一方、新車ピッカピカの母さん運転の車の行方はというと、建築基準法に法り受理され開店に至った雑貨と手相の店は、忙しくなった。車も人も疎らな道に向かって夫が立てた手作り看板には、雑貨と手相の店〇〇とある。しかし、仕入れができない状態のままの雑貨は、ポツン、ポツンと疎らに有るだけで、販売品なのかインテリアとして置いてあるのか一目では分からないほどの状態になってしまった。

そこで、雑貨の件を専門家に相談したところ、雑貨は売れなかったのでやめます、と伝えるだけで問題はないとのことだった。だそうなので、お言葉に甘え雑貨の販売はやめることに決め、スッキリした。

そして、手相の方は、手相占い屋なのか手相批判屋なのか当の本人にも分からない状態が続いたのだが、問題発言多発中にもかかわらず大忙しの毎日となっていったのだ。

手相を好む人達を大きく分けると二通り有り、一方は、占い正統派だ。占いも学問の一つではあるのだろうし、中国では占いは紀元前から有るという。人を惹きつける不思議な魅力が占いには有ることを、全世界が証明している。

その中で私の数々の問題発言は、占い正統派の人達からすると、許されないものだったはずだ。私の自分勝手な唯我独尊的主観爆弾発言だったのだから。

私の価値観とは全く違う占い正統派の人達とは自然な形で縁が切れたのだが、私にとってはその人達もとても重要な存在であった。価値観の違う者同士の会話は、真剣になればなる程、違いが有るからこその学びや難しさを改めて実感する大変貴重な時間となったのだ。

もう一方の占いを楽しんでいた人達は、手相に対して自分とは違う価値観で話す私の唯我独尊的主観爆弾発言に興味を持ってくれたからなのか、相談者が更に急増した。しかし、手相に関する話題は徐々に減り、いつの間にかその人達の唯我独尊的人生観を、逆に私が聞かせてもらうという、そんな場所になっていた。そういうわけでとても短期間で手相占いも幕を閉じることとなり、スッキリした。

大阪逃走劇が切っ掛けで、何かに取り憑かれたかのように神名探しの為の本を数年にわたって読み耽った。特に神道系の沢山の本から得た知識に、毎日の大勢の人達との会話の中から得た第三者の多種多様な価値観が加わり、そこに私の主観も加わり、合計三種類の物が混じり合い、気付くと有り難いことに、この場所ならではの一種独特の個性的な根が出てきたように思う。半額榊に根が出て、半人前の私にも小さな根が出たようだが、この根を生かすも枯らすも後は自分次第。屋根を越えるまでに成長した半額榊は、この場所をどう思って見ているのだろう。我が家の中庭の真ん中辺りに大きく育って立っている半額榊は我が家の一員で、私達家族にとってはとても大きな存在だ。

　花屋の階段下のバケツの中に有った、タダであげると言われてもいらないような萎れた半額榊に、ほんの数年後に自分が励まされることになろうとは、誰が考えようか。

　人間のみならず何が起こるか分からない。

　私は、様々な人達と様々な話し合いを重ねるに従い、人は大なり小なり、良い悪いは別として、天上天下唯我独尊的な要素を私のみならず誰もが持ち合わせて生きているものなのだと、改めて実感しながら毎日仕事に励んでいた。

　そんな中、看板の「雑貨と手相の店　〇〇〇」と、実際の仕事内容とがいくら何でもあまりにも違い過ぎるのではないかとなり、再び夫が看板を作り直すことになった。新しく作り直す看板には、店名と電話番号のみ書くと決まった。

　ところが、この安易な考えが運の尽き。

滅多に車は通らないはずなのに、何故か困ったことになった。

「はい、〇〇でございます」

「このお店は和食屋さんとですかァ?」

「違うんですゥ」

「何のお店になっとですかァ?」

「え〜とですねェ、何と言えばいいですかねェ〜、人生を話し合う場所ォ?う〜ん、え〜とですねェ〜、何と言えばいいんですかねェ〜」

「……ガチャン」

これも実話だ。店側の私が聞いてどうする。しかも二〜三回どころではない。私のこの不思議なやり取りを目の前で聞いている客は、聞いてはいけないことを聞いてしまったかのように、バツが悪そうに上目遣いで私を見ている。

確かにこの建物の外観は、やや広めの駐車場に平家の和風住宅ときている。和食屋に間違えられるのも無理からぬ外観ではある。また、この場所の仕事内容を一言で表現するのはとても難しい、妙な場所であることも事実だ。人生相談の場所ではない。セミナーのように主催者が提起したテーマを話し合う場所でもない。ましてや私の主観を述べる場所でもない。そこで、看板作りと電話応対の参考になるのではと思い、ここに通って来る人達に、ここはどんな場所だと思うのかを聞いてみた。

欠片も参考にならなかった。

「心を裸にする場所」「省みる場所」「価値観を変える場所」「考え方の膿を出す場所」「疑問を持つ場所」「自分の価値観に風穴を開ける場所」「自分を知る場所」「心にヒビを入れる場所」等等。

この場所の仕事内容を分かりやすく看板に書いたり電話応対をするとなるとこうなる。「いつの間にか出来上がってしまっている自分の人生観や価値観に大いに自信が有る人も全く自信がない人も勇気を持って改めてそれを見直し掘り下げてみると案外たいしたことは考えていなかった自分に気付き、そうなると必然的にそれらを真逆の価値観にひっくり返したいと自分自身がそう思うようになり更に自分で自分を見つめ直す努力をするにもかかわらず一時間二千円を支払うこととなる店「○○○」、とこうなる。長い看板としてギネスに挑戦するにはよいと思うが、店の看板としては長過ぎて不向きだろう。電話応対にも更に不向きだろう。忙しい世の中だ。最後まで言い終える前に途中で切られてもごもっともな話だ。店側の私としてもこの長さだと電話応対で一日が終わる。

無看板と決定。スッキリした。

無看板状態のままだが毎日が忙しかった。

客は、一人で来る人、三人で来る人達、五人で来る人達と様々だった。時には、私を含めた十人で話し合いをする時も有った。

私にはどの仕事が向いているのか、私は結婚できるのか等の質問を受けることはほとんどなくなっていたが、そういう質問の場合は、何故、自分に向いた仕事をしようと思うのか、何故、結婚をしたいと思うのか、と私の方が逆質問をすることで話し合いが成り立つようにしていた。

第四章

霊界（れいかい）の存在を受け入れること

霊界と人間界

この頃の私は県内外から来る大勢の人達と話すに連れ、人間界で起こるありとあらゆる事象を人間界の価値判断のみでどれ程考え倦ねてみたところで、所詮、不十分でしかないことを重々承知するようになった。人間界で起こる様々な事象の本質を捉える為には、霊界と人間界の両面で考えなければならない。その事象原因と捉え方の本質に辿り着くには、限界が有るからだ。

だが、私の中に、肉眼では見ることのできない霊界という当時重々しく捉えていた存在を会話に織り込むのに抵抗が有った期間が、僅かだが有った。

何故抵抗が有ったかというと、人間には見えない、有るのか無いのかも分からない、そんな世界のことをさももっともらしく知ったかぶりして話している怪しい宗教の場所、とそう思われるのを避けたいという卑怯な気持ちが私の中に有ったからだ。

そんな馬鹿げたことを考えた期間はほんの僅かだったとはいえ、周囲の評価を気にする期間が私にも有ったのは事実なのだ。

霊界という謎めいた言葉を口にするだけで、変な人、怪しい宗教に入っている人、距離を置きたい人、とする風潮が世の中には有るが、昔は私こそが実はそう考える最たる者の一人だった。

私は昔それらを受け入れられないどころか、毛嫌いしていた。見えない世界のことを少しでも口にする人や、そういったことをちらつかせる宗教団体を私は毛嫌いしていた。神名探し以前のずーっと昔のまだ若い頃の私は、読んでいる本の中に、霊的な要素を含んだ言葉や、宗教団体を匂わせる表現が出てくると、その本を途中で読むのをやめる程毛嫌いしていた。宗教団体から被害を被ったわけでもないが大の宗教嫌いだった。だが、伝統宗教とはいえ、寺の息子と結婚したという矛盾だらけの私だった。思えば私は幼少期から、大人達の様々な言動に興味津々の少々風変わりな子供だった。

　心を物質だと思う人はいるのだろうか。西洋医学での心についての捉え方は知らないが、名医といわれる人の中にも、脳や心臓を切り開いて心を探せば見付かるという捉え方をする人がいるのだろうか。これぞ心だ、と手で触れたり機械で確認ができたりするものでは到底ないはずだ。だが、心は確実に有る。それでは、肉体はどうか。肉体は手で触れることも肉眼で確認することもできる。

　見ることも触れることもできない心は霊的な存在で、見ることも触れることもできる肉体は物質界、つまり人間界のものである。我々人間は霊界と人間界の二つの世界を共有して生きている存在の生き物なのだ、と書くと、以前の私のように、ここでパタンと本を閉じる人も多いと思う。が、もう一度本を開いて最後まで読んで欲しい。

　何故かというと、これは受け入れなければならない現実だからだ。

　そして、スタートだからだ。こういう表現も毛嫌いし、耐えられない人の気持ちは、私自身がそうだったのでとてもよく理解できる。だが、キリがないのでここはとっとと前に進もう。

同じように努力をしても報われない人もいれば、スイスイ出世する人もいる。同じことをしたり言ったりしても好かれる人やそうでない人もいる。これらのことを霊界の存在抜きで答えを出すのは所詮不十分のはずだ。今の世の中全体が霊界の存在を信じることなく、人間界という片側のみで物事を捉える現状が、今地球上で起きている様々な問題のそもそもの要因になっていると考える。私達夫婦の身の上に起きた不思議な現象と、人様にも起きた霊現象などを通して、そう考えるようになった。

私の仕事場であるこの場所を振り返ると、雑貨と手相の店の看板から、店名のみの看板の店となり、そして遂には無看板の店へと変化した。看板そのものは三回変化したが、当初より、そもそも存在しない正しい答えを出すのが目的ではなく、互いの主観を出し合い、話し合う場所だったといえる。ここに来る人が抱える問題を、人間界のみの判断では解決しないこと、霊界の存在を受け入れることでそれまでの自分の価値観に変化が出る為、正しいと思っていた自分の捉え方そのものが変わることをまずは伝えるのだが、とはいえ霊界を受け入れるかどうかは、全くの本人の自由意思だ。その道の専門家がアドバイスとしての答えを出すことが当然必要な場合もあるが、私が仕事をしているこの場所では、その人の持つ問題を霊界人間界の両面で話し合うのだ。本音の話し合いを重ねることで自然と価値観が変わり、気付くと様々な物事に変化が起きることを体験する。だが、個人の因縁や家の因縁の関係で、本音での会話は、そう簡単ではない。一般的に本音で会話するということは、なかなかできないことだ。

そもそも「人は何故生まれてくるのか」という問いは、宗教上も生物学上でも大昔からの永遠のテーマなのだそうだが、この場所では永遠のテーマの答えを出すのはお茶の子さいさいだ。「神道系の沢山の本から得た知識に、話し合いの中で得る第三者の多種多様な価値観が加わり、そこに私の主観も加わり、一種独特の個性的な根が出てきた」と数ページ前に書いた。この場所の「一種独特の個性的な根」つまり、一種独特な個性的な価値観からすると、「人間は何故生まれて来るのか」の問いに対して、ここでは次のように答えている。答えは一つではなく多数有るのだが、

「神様のご用ができるようになる為」

「自分という人間を知る為に生まれてきた」

「周囲からの評価を気にしないトレーニングの為に生まれてきた」

「自分が周囲に少しでも役に立てるようにと生まれてきた」

「自分のこれまでの価値観を真逆に変える為に生まれてきた」

「魂を成長させるには人間界で起こる様々な困難が必要な為、その為に生まれてきた」

このように、ここは、「人は何故生まれてくるのか」という永遠のテーマをお茶の子さいさいに、しかもいくらでも出せる場所である。だが、永遠のテーマとされている問いに対して、この場所の答えはいかがなものだろうか。これらの答えに対して、正しいとか不正解とか、それから、三十点とか赤点、

などのそういった類いのものは当てはまらないように思うのだが、どうだろうか。

そして重要なのは、これらは全て目には見えない霊界の存在というものが大前提の上での答えだということだ。

「人は何故生まれてくるのか」の問いは、宗教上も生物学上も、どこまでをもって永遠のテーマとされているのか私は知らない。ただ、我々人間には見ることのできない霊界の存在を、更に言うと神霊の存在を受け入れるということが最重要となり、この受け入れができるようになると、「人は何故生まれてくるのか」「自分は何故生かされているのか」の問いはさほど難しいものではないと、私は考える。

霊界、つまり神霊の存在を受け入れることで、「人は何故生まれてくるのか」の答えが自ずと自分自身で出せるようになる。すると作り上げていた自分の人生観や物事への価値観に疑問が湧いてくる。それと同時にそれまでの価値観がストンと変わる人もいればスローな人もいて実に人様々だ。早い人が優秀で遅い人はドン臭いという価値観はこの場所では一切ない。
妬み、嫉妬等の感情や、金銭欲、出世欲等は、程度は人様々だが誰にでもある。ただ、今までの自分の価値観が変わると、人が生まれながらに持つこれらの類の感情や欲が変わってくるのだ。

何故神霊たるものが創った人間が、そのようなあまりよろしくない類いの感情を生まれながらに持っているのか。これは、霊界の仕組みが分かるとそれ程難しい論理ではない。だが、これとて霊界有りきの説明となる。

ちなみに、住職に祭るようにと言われた神名は、明治の終わり頃に立教となった日本の新宗教の原点とも言える宗教団体の書物の中にあった。約二年半の神名探しから、この宗教団体の書物と縁が出来たことは何にも変えられないかけがえのないことで、私達夫婦の新たな人生の幕明けとなった現実がここにはっきりとある。念押しをしておきたいのは、私は改めて申すまでもなく宗教家でもなければ、ましてや霊能者でもない。それは一目瞭然で、ただのワガママな高齢のお婆さんだ。

また、どこかの宗教団体の一員でもなければ、どこかの宗教団体を奨励する者でもない。協調性に欠けた私は、そもそも団体が非常に苦手であるし、団体を作る意味すらもよく分からないのだ。

そして、私の仕事場であるこの場所を宣伝する気も一切ない。この場所の、一種独特な個性的な根の価値観は、それこそ根のようにひっそりと広がって欲しいとは思う。だが、半額榊がそうであったように、霊界から何らかの働きが有って初めて人間界に様々な現象が現れる為、私は目の前のことをするのみだ。

神霊

それでは元に戻り、私の仕事場の、一種独特な個性的な根をもって、霊的な捉え方の説明をしていこうと思う。

まずは、世の中には、神たるものが創った人間が、何故愚かな類いの感情を生まれながらに持っているのかだ。本来人間は罪深き者等、様々な捉え方が有る中、自分の納得する捉え方でよいと思うが、この場所での捉え方を先に書くと、神が愚かで罪深き人間を創ったのではなく、本来善のみの魂にもかかわらず、神が与えた自由意志をもって自分の判断で自分という人間を自分自身が作ったということだ。

また、この場所は、今抱えている疑問や自分に起きている問題は何を暗示しているのだろう、何を考えなさいという啓示なのだろうかと、自分なりに想像しながら自分なりに答えを出すところでもある。

一緒に考えてみたい。まずはこの人体。

頭と体が一つずつで、腕や足も大体が二本ずつくらいのものだ。頭が三つや四つ有る人や、腕や足が六本や八本有る人はあまり見掛けない。

又、目や耳も大体が二つずつくらいで、鼻と口もせいぜい一つずつくらいのものだ。

身長も、大人になるに連れ、大体が似たり寄ったりで、三メートルの人や四メートルの人を見掛けることはない。

この場所では、自分の抱えている問題や世の中で起こる事象に対して、プラス面とマイナス面の両面から考え、又、霊的方面と人間界的方面の両面から考えることも多い。この人体を一つの例として考えてみたい。

まずはプラス面。

頭が数個有ると、ヘアースタイルに興味の有る人や帽子が好きな人は嬉しい限りだ。腕や足の数が多いと、マニキュアの色も靴も十二分に楽しめる。又、顔や手が多いと、車や自転車の運転には何かと便利だろう。前や後ろを同時に見ながらご飯も食べられる。

次にマイナス面。

とにかくお金が掛かりそうだ。シャンプー代、目薬代、歯磨き粉代など、お金が必要となる。

頭、体、腕、足が多数有ると、確かに生活にも便利でお洒落も楽しめそうだが、本体は相当な大きさになるだろうから、清潔を保つだけでも相当大変そうではある。

爪を切るにも鼻をかむにも、付けマツ毛をするにも髪を乾かすにも、相当な時間が必要だ。お金だけではなく時間も掛かり、健康管理に努めるのも容易ではなさそうだ。その上、数個有る顔が別人のように全て違うものなら、一体その人物は誰なのか、とても面白そうではあるが個人を認識するには手間取りそうだ。以上、人間界的にプラス面とマイナス面を考えるとこのような感じだろうか。

一方、霊的な感性でこれらの事象を捉えると、この場所では次のようになるかと思う。

人間が顔も体も手足も、おおよそ似たり寄ったりの数で作られているということは、一体、何を表わしているのだろうか。もしかすると、創造主かもしれない神は、おおよその人間は比較的似たり寄ったりの感情や思考の生き物だということを、表現されているのかもしれない。まずはそう考えた時、相手の気持ちが想像しやすくなる。その想像をプラス思考の想像とマイナス思考の想像に大雑把に分けると、次のようになる。

まずは、プラス思考から。

自分が嬉しいと思うことは人にもし、自分が人にされて嫌だと思うことは人にはしない。この一例は、小学校の低学年の道徳の時間を思い出すほど子供じみたプラス思考の一例だが、よく考えて欲しい。これは簡単そうで簡単ではないことを、今の世の中の現状がよく物語っている。

ましてや、相手を慮っての行為や助言が、一時、相手の心を非常に傷付け、又、自分の心も痛むことがある。だが、その行為や助言が損得抜きの純粋な心から出たならば、あれよあれよとちゃんと着地点に下ろしてもらえるものだ。その着地点に下りたのは自分の努力の結果であって、下ろしてもらえたなどと宗教めいた言葉に反発したくなる人の気持ちは私がそうだったので、とてもよく理解できる。が、実際、そうしてもらえたのだ。神様に。自分ではないのだ。

又、損得抜きの純粋な心から出た行為や助言であったかどうかは、自分を客観的に見つめる厳しいまでの自己反省の心がなければならない。この自己反省こそが究極のプラス思考だ。相手が喜んでくれるから自分も嬉しい、という十分に磨かれ洗練された自己反省から成る、プラス思考の生き方は、欲から得た経済とは真逆の『綺麗な経済』が、後から付いてきてくれる。それは決して欲にまみれたいつかは破綻に向かう『汚い経済』ではない。見た目は同じお金だが。

次に、マイナス思考の場合。

マイナス思考の捉え方は、比較的似たり寄ったりの思考と行動をする人間の心理を逆手に取り、ここに最大限の欲の疑問と最大限の欲の想像に全力を注ぐというものだ。ある人は犯罪まがいのことをしてまでも、お金や地位や名声を手に入れようと躍起になる。これらの物質第一主義を正しいこととして生きる人達は、お金や地位や名声を誰よりも多く勝ち取ることのみが人生の最大目標の為、これを追い求め続ける故に、そういう想念の霊魂と感応するのだ。なかなか滑稽でブザマな生き方ともいえる。自己反省とは無縁の、小さく暗い世界に住む、井の中の蛙君と一緒ではないのか。我欲のみの生き方を、マイナス思考と言わずして何と言う。つまりは、神がそれらの人を遠ざけるのではなく、それらの人が神から遠ざかるのだ。神の器は、意に沿わない人間を遠ざけるようなそんな子供じみたものであるはずがない。物質第一主義の我欲があるからこそ、マイナス思考の幽界の想念の気と感応するのだ。

神だの霊界だのと目には見えない精神論的なものを全く必要としない物質第一主義のその捉え方こそが、自ら神を遠ざけているのだ。

善のみのプラス思考の神の世界とは真裏の世界の思考の為、精神論的なことをどれだけ言っても伝わらないのも当然のことだ。神の世界の裏側にいるのだから分かるわけもない。とはいえ、神だの霊界だのという言葉を拒絶していた私だったので、拒絶する人の気持ちもよく分かる。これらの言葉はあの頃の私には、猫に小判、豚に真珠、馬の耳に念仏だった。これらのことわざは動物に対して失礼なので、表現を変えて、頭にパンツ、んっ？　少し意味は違うが、まァよしとしよう。しかも、その頭にパンツがとてもよく似合っているとさえ思っていた私だった。その頃の私は、というより、昔から私は、何の欲だったかよく覚えていないが、とても自分本位だった。いや、過去形は違う。歳を重ねると多少なりともその自分本位が和らぐかと思いきや、体は徐々にポンコツになりながらも、自分本位に更に磨きを掛けてしまっている。七十チョイ過ぎのバリッバリのワガママ婆さんは、今日も頭にパンツを被ったまま、我が道を行く、である。

そんな私だが、実の姉に土地の権利書を盗まれたであろうことが切っ掛けで、見えない世界に興味を持ち、神や霊界の存在を受け入れることで、疑問、想像、自己反省の精神世界にまだほんの片足だが入ることができた。片足だけにもかかわらず、自分がやるべきことをやった後は、なるようになる、後は神様にお任せ、とそう思えるようになったのだ。そうすると、上手く行かなかった場合でも、やるべきことができていなかったのだ、自分が悪いのだから仕方がない、と不思議にも気楽になれる。片足だけでもこうなのに、これで両足でも入れた日には、あの青い空に浮ぶ白い雲の上に、いつでもヒョイと飛び乗れそうな気がする。

このように、神様、という存在を自分の考え方の中に入れるのと入れないのでは、一見、結果は変わらないように思えるが、精神的にも大きく変わってくる。それは、神様を意識すればするほど、神様との繋がりが多くなるからだ。誰かが誰かを強く意識したり、自分の目標を強く持つ程に、それらに近づけるのと同じ道理だ。ただし、それらの目標が欲の心からのものなのかどうかを客観的に厳しく自分の心を観察しなければならないことは言うまでもない。

ここで、「霊界の仕組み」を、私なりの捉え方でまとめてみようと思う。

その前に、くどいようだが再度書いておきたい。私は霊能者でもなければ宗教家でもない。神様を見たこともなければ、霊界を覗き見たこともない。正確には霊界から地球に生まれてきたのだから、霊界にいたことは記憶にないという表現になるだろう。霊能者でも宗教家でもない私だが、それでも尚、地球上の全人類が「神様はいない、霊界はない」と断言したとしても、今の私は「神様はいる、霊界は有る」と、一人っきりでも堂々と胸を張って断言できる。

現在の私が知り得る霊界の世界をかいつまんで書いてみたい。生きている我々人間には肉眼で見えない世界が存在していて、それを霊界という。書いて字の如く、神霊、守護神、霊魂、等の住む世界が霊界だ。そして、生きている人間の住む世界を現界、物質界、人間界等という。その霊界を更に大きく分けると、神霊が住む世界と、元人間だった魂が住む世界が有るはずだ。人間の魂は、物質界である現界で生活をする時は、物質である肉体を纏って地球に生まれてくるが、死を迎え、元いた霊界に戻る時は、物質の肉体を脱いで素っ裸になって霊界に戻って来る。魂は生き通しなので滅びることはない。霊界と現界を行き来しながら、輪廻転生を繰り返して成長をしている。そして、人間の死後の世界は大きく分けて三つ有るが、ほとんどの魂はまずは中有界に行き、そのまま中有界にいる魂と、天界に上がる魂と、幽界に下がる魂とに分かれるはずだ。

　金棒を持った恐い鬼が、あなた様は良いことをしたのでどうぞ天界へ、お前は悪いことをしたので地獄に行け、お前は中途半端に執着心が残っているからこのまま中有界にとどまりなさい、と振り分けるのではないはずだ。そうではなく、現界の自分の生き様なりの場所に行くのだ。中有界に行った魂は、現界の時の思考、行動、行為が丸出しの素っ裸の状態で、まるで磁石のように似た者同士の想念の世界へと吸い寄せられるはずだ。至って自然に、行くべき世界へと自らが行くのだ。生きている人間の住む現界では、お金や地位や名声や、又饒舌で巧みな言葉で世の中を誤魔化せるが、死後、肉体から抜けた魂は、立派な肩書の名刺も意味を成さない素っ裸となる。誤魔化しは一切利かない、ストレートで非常に厳しい世界が霊界で、そこの住人となるのだ。そして、その厳しさは、実は今こうして我々が生きている現界にもふんだんに影響が及んでいるはずだ。この場所では、成仏できていない魂がいる場所という意味で、中有界と幽界を一つと位置付けることがある。中有界と幽界は我々が住む現界の一番近い空間に存在しているはずなので、我々人間は常に中有界と幽界からのマイナス思考の大きな影響を、常に受けながら日々暮らしているということになる。つまり、中有界と幽界に住む魂の考え方と現代人の我々の考え方は全く同じなので、双方が感応し合っているはずだ。

一方、天界に上がった魂は成仏したということになるので、天界に上がった魂からの悪影響が人間界に届くことは無く、人間界の欲の気も天界に届くとは到底思えない。同質の気が感応し合う世界が霊界や人間界の世界だが、そもそも天界に上がる魂には悪はないはずだ。それでは、中有界と幽界に住む魂の世界はいかなるものかを、私なりの捉え方を書きたいと思う。

　中有界も幽界も、共通していることは両界とも魂が未だ成仏ができていないということである。従って、自分の死を受けいれられないままの状態の魂も多く、考え方が全てマイナス思考だ。中有界の魂は、自分の死が受け入れられなかったり、自分の死後の家族のことが非常に気掛かりになったり、財産の行方や仕事の行方を強く心配したりなど、強い執着心の想念のまま、中有界という霊界で彷徨いながら、いつの間にか、家族や関係者の住む現界に、これらの心配の想念の気を送り続けることとなる。中有界の想念の気と感応している人達もとても多いはずだ。更に幽界の魂は強烈で、強い恨み辛みの気、そして、激しい自己中心の身勝手極まりない恐ろしいまでの気を、我々の住む現界全体に届けている。それが今のこの世の中の有り様であることは、一目瞭然だ。今の世の中を見れば幽界の想念の気と感応している人達が多いのはいうまでもない。

我々人間の本質は肉体ではなく魂である。現界で人間として生きている時も、死後魂となって元いた霊界に戻って生き続ける時も、魂というものは、幽界や現界（人間界）からの想念を受けたり与えたりしているはずだ。基本的には類は友を呼ぶということだ。同質の気を出す魂と同質の考え方をする。つまり似通った魂と、生きている人間の魂が感応することで縁ができ、更に双方の似通った考え方に拍車が掛かり、双方がドツボにはまることは、日常茶飯事、大昔から繰り返されているといえる。

中有界からの心配、不安、取り越し苦労の気の感応ならまだしも、幽界からの恐ろしいまでの激しい欲の気は壮絶なもので、これらと感応すると、もはや何でも有りの世界となる。正に今の地球上に起きている様々な現象がそれを如実に物語っている。中有界と同様に、幽界から来る気と人間の魂が感応すると、双方似通った考え方の為、双方に更に拍車が掛かり、共に更に落ちていくことになるはずだ。

ただ、ここで勘違いをすると危険なのは、中有界や幽界から悪い気を送ってくる成仏できていない霊魂だけが悪いわけではない。それと同類の考え故に感応する自分、という意味で、半分は自分に責任が有ると考えなければならない。だが、これでは終わらない。この場所の考え方は更に厳しい。

それは、全て自分の考え方に問題が有り、悪いのは全て自分の責任だ、という捉え方をすることだ。なかなか難しいが。

しかし、この前向きな強い自己反省こそがプラス思考になる為、マイナスの想念の中有界や幽界の魂との感応を防ぐこととなり、それらの霊魂を巻き込まないで済む。こう書くと、私がそうだったように、中有界や幽界の霊魂と感応したくないからプラス思考で行くぞォー、と考える人がいるはずだ。

しかし、感応したくないというその欲が、すでにマイナス思考そのものなのだ。中有界や幽界の、成仏できていない霊魂と似たような考え方をすることで、それらの霊魂を巻き込んではいけないという捉え方をしたいものだ。巻き込んだ自分も、これ以上落ちてはいけないのだから。

また、中有界、幽界の成仏できていない霊魂とすでに感応してしまっている場合、それらの感応を解く為に、長い年月、お祓いや占い系の類を用いてきたという歴史が有る。これらの、お祓いや占い系を用いる心理は、おそらく、自分や自分の家に起きている災いの排除で有ったり、災いが起きないように、との防御であったりという心理からではないだろうか。だが、この場所では、その、排除や防御がそもそも自己中心的な考え方となるので、その段階で成仏できていない霊魂と感応すると考える。

それでは、この場所では具体的にどうしているのか。それは自己反省という最強のプラス思考で、自分のみならず、成仏できていない霊魂を浄化し、共に前進をしなければならないと考えるのである。前進とは、物事に囚われないことだ。心を裸にすることだ。今のままだと、今の現代人は残念ながらほとんどの人間が中有界止まりか幽界行きなのではないだろうか。だとしたら尚更、私達全ての人間の物事の考え方を変えなければならないのではないだろうか。

自分さえ良ければいい、という何でも有りの今の世の中の価値観を、真逆に変えなければならないと思う。その為には、個人個人が自分に対して常に疑問を持ち、想像力を持って自己反省ができるようになると、その人に関わる成仏できていない幽界の住人も、人間からプラスの気が行くので変わるはずだ。そうなると、少なくとも幽界に住む住人は減っていくはずなのだ。

幽界と現界が変わることで、今の世の中は良い方向に前進すると、この場所は捉えている。霊界から良し悪しのような影響が人間界に及ぼすとの捉え方が大前提だが、中有界と幽界に関しては、両界と人間界は良しも悪しも影響を与え合っていると考える。

人体の例えがかなり突飛で、却って分かりにくかったかもしれないが、次の例えとして、私は宇宙のうの字も知らないが、宇宙についても一緒に考えてみたい。

地球そのものは、人間界の物質と同様に肉眼で見え、手で触れることができるのだが、人体、家、車等という物質とは大きく違う。地球の回転の調子が今日はあまり良くないので休ませるとか、補修をするとかはあまり聞いたことがない。同じ物質でも全く違う。それは地球に限らず太陽も同じだ。

太陽が燃えているのか何なのかそれすらよく知らない私だが、多分、太陽も、その時の調子で気ままに燃えたり休憩を取ったりすることはないはずだ。

宇宙も、数秒の狂い無く永永無窮に活動し続けるからこそ、ロケットを飛ばすことができるのではないのか。惑星の軌道がその日によって早くなったり遠回りしたり、時には、突然の臨時休業が起こったりすれば、ロケットが飛ばないどころの騒ぎではなく、人類が滅亡するのではないのだろうか。

そういう大宇宙を創り司る神の活動の中に人間という存在を創った意味、つまり「人は何故生まれてくるのか」が永遠のテーマといわれるのは、霊界の存在、つまりは神霊の存在を受け入れない我々だから、その答えが分からないのではないのだろうか。また、「何故、神霊たるものが創った人間が、そのような愚かな類いの感情を生まれながらに持っているのか」の問いに対し、神がそういう人間を創ったのではなく、自分自身が作った、と私は答えるが、どうだろうか。この脈々と活動を続けている大宇宙を創り司る神が、人間を創る時だけ失敗した、という考え方の方が、しっくりくる人も大勢いるのかもしれない。

また、大宇宙はそもそも神が創ったものではなく、自然発生的にできた、と考える人も大勢いるかもしれない。

この辺りに関しては、霊界の仕組みを理解するに連れ、偶然やたまたまはないと認識するようになった。従って、この大宇宙の美ともいえる緻密な働きと、小宇宙ともいわれる緻密な人体は、神の創造に他ならないと考えることができるようになった。大宇宙は休むことなく脈々と活動し続けているのだが、それと同様に人間も往古来今、欠点は一切なく、完璧な状態で何十億歳も生きるように神が創っていても不思議ではないはずである。それなのに神は何故、愚かな類いの感情になりがちな自由意思を与え、寿命も与えたのだろうか。何十億歳の長寿を想像すると、ちょうど良い加減の今の寿命を与えられ、小宇宙といわれる人体も与えられ、又、自由意思も与えられたにもかかわらず、人間は神がいるのかも分からず、大宇宙に住みながらも宇宙の実態さえよく分からず、人間が生まれて死ぬ意味さえ分からず、一番身近なはずの自分自身の本質さえなかなか気付いていない。

何も分からない何も知らない、そんな我々人間だからこそ、神から与えられた知ろうとする本能のお陰で、様々な発展を繰り広げてきた。中でも、物質第一主義のお陰で、信じられないばかりの便利な機械が発明され、私達の生活は本当に楽になった。しかしながら、この発展は神や宇宙や我々人間にとって本当に必要なものだろうか。

この人類の発展は、小局的視点から考えると、個人も国も驚くばかりに激しい自分の損得勘定第一優先の心寂しい競争社会を生み出してしまったが、大局的視点で考えると必ずしも悪いことだとは限らない。その競争社会が、地球が滅亡する程の起爆剤となり、次の新たな価値観が生まれる前兆が今のこの世の中に出てきているのかもしれない。

我が家の場合

世の中に悪の方で貢献した、損得勘定が原因の我が家の競争の日々を振り返りたい。

サラリーマンだった夫の転勤が切っ掛けで、関東の家は売却し家族四人で九州に引っ越した。

気付くと雑貨とも手相とも縁はすっかり切れ、いつの間にかここは話し合いの場所になっていた。

思えば、今から三十年も四十年も昔のことになるが、関東から九州に引っ越してきた頃からの我が家の生活の変化を、こうして改めて振り返ってみると、霊界の存在、ひいては神霊の存在を受け入れる題材としては、これは実に分かりやすいものではないかと思う。

我が家の生活の変化を、大局的視点と小局的視点の両面から見ると、次のようになる。

まずは、大局的視点から見ると、全ての物事が自分の意思ではなく、神がしているという捉え方に変化したことが、何よりも大きいことだった。

目に見えない大掛かりな舞台装置の大ステージ場で、自由意志というものを与えられているものの目に見えない糸に吊るされた、まるで操り人形のような私だった。

あるいは、我が家に起きた全ての物事の点と点が繋がり、一本の糸となり、その糸の先端が天へと繋がっているとも表現できる。我が家のこれらの点の全てを、偶然やたまたまで収めようとて、到底収まりは付かない。

神が人間に与えた自由意思ですら歯が立たない場合が有るというとてつもなく大きな慈悲が、本当は全ての人間に降り注がれていることを、私は確信している。

このことを確信した時の感謝の気持ちは、言葉にはできなかった。有り難さとかたじけなさで言葉にならなかったのだ。

次に、小局的視点から見ると、生活をする中で数々の点が起こる度、比較的冷静な夫に比べ、私はそうはいかなかった。

中でも、血の繋がった実の姉に土地の権利書を盗られたことに気付いた辺りの私は、実に醜いものだった。姉が卑怯にも私が眠ったことを確認した上でこっそり盗ったとしか考えられないことに気付いた辺りの私は、地球をちゃぶ台返しにして、世の中をメチャクチャにしてやりたいとまで思った。一つ一つのどの点を思い返しても、不安や絶望や猜疑心で自分を苦しめていた。一つ一つのどの点も、自分の自由意思を持って拒否ができたはずなのに。

例えば、姉から慈善事業をするから一緒にやらないかと言われた時も、拒否をすれば済む話だった。ところが私は拒否をするどころか喜んで大阪に行った。

また、神名探しの時も、もっと早い段階で神名探しを諦めて通常の生活に戻れば、夫に精神的負担を掛けなくて済んだはずだ。強い執着心と競争心に他ならない。

手相にしても、性に合わないのならとっととやめればよかったのではないか。私の性格からするとハッキリ断わることができたはずだ。

このように、物事を小局的視点のみの捉え方をしてしまうと、必然的にどうしても不安や負けたくないという競争心やそれ故の猜疑心から不平不満の感情が多くなり、追って、損得勘定第一優先の競争社会が出来上がるのだ。これを霊的に表現すると、そういった負の感情が多くなるということは、負の感情を持つ霊魂との感応が多い為、いつの間にか自分自身も負の感情が多くなったということになる。実の姉に権利書を盗られたかもしれない、と思った時を例に挙げると、私が早い段階で、権利書を大阪に持参する旨を夫に相談するべきだったとか、盗ったかもしれない姉も悪いが、盗られることになってしまった自分にも責任が有る、などとプラス思考の捉え方ができていれば、その後の私の行動は大きく変わっていたと思う。私に降り掛かった全ての災いのお陰で今の私があるという捉え方が心底できるようになったことが私の人生の中の山場だと思うのだ。

いずれにしろこれらの図式は、成仏できていない霊魂に責任が有るのではなく、自分自身の心の中にそういった負の捉え方が有る為に成仏できていない霊魂を自分で自分に引き寄せたのであって、責任は自分に有る。つまり、身から出た錆だとの自己反省の捉え方が重要になるのだ。また、七ページの冒頭に書いたこの災いは自分が引き寄せたものではなく、あくまでも自分は被害者の立場だと考えたとしても、再度厳しく自己反省に取り組み、その上で出した答えが自分は被害者だと考える場合は、少しオーバーに書くと、法律を改正する為の一つの大きな使命や、世の中の価値観を変える役割を与えられているのかもしれない。このように、霊的方面での捉え方を取り入れることはとても重要なことだと考えている。どのようなことに対しても、誰のせいにもしないという非常に積極的な自己反省の極みの捉え方はそう簡単ではないが、世の中への善の霊的貢献度は非常に高い。

この場所は、様々な人が様々な問題を持ち寄り、人間界と霊界の両面からの捉え方で話し合いをするのが目的なのだが、人間界においての捉え方に正解は無いということに気付くのも目的の一つとなっている。

発展の心

今の世の中の損得勘定第一優先故の競争社会の価値観と、成仏できていない霊魂が住む幽界の価値観は、瓜二つの全く同じ価値観から成り立っていて、肉体が有るか無いかのただそれだけの違いではないのか。

ということは、霊界の一部分に属する成仏できないままの霊魂が住む幽界は、神が創った世界ではなく、我々人間が作った世界ではないのだろうか。欲深い我々人間が、死後、肉体という物質を脱いで霊魂となったそのままの世界が幽界ではないのだろうか。肉体という物質を脱いだか脱いでいないかのそれだけの違いではないのだろうか。むしろ、幽界では肉体という物質が無い分、感覚が研ぎ澄まされ、霊魂同士の欲の心は勿論、人間界で生きている我々人間の自己中心の心をもお見通しのはずだ。私がこの辺りのことを少しずつ理解できるようになったのは、すでに本から得ていた知識と、この場所で実際に聞く生々しい実体験とが一致することが多く有ったからだ。恨み辛みという強いマイナス思考を抱えたまま、死後元いた霊界に帰るということは、霊界の中の同類のマイナス思考の魂が住む、幽界という世界に自ずと帰ることになるということだ。

相手の立場になって考えるだの、自己反省をするだのと、プラス思考の発想は皆無な為、その魂のマイナスの想念の気は同類の魂ばかりの幽界に行くことで更に拡大することもあるのではないだろうか。それらのマイナスの想念の気と、生きている人間のマイナス思考の人と感応し、纏わり付く霊魂も実際に有り、生きている人間に様々な災いが起こっているのも事実のようだ。

同様に、生きている人が死んだ人に対して、何らかのマイナスな考え方を持っていると、そのマイナスの気は霊界に帰ったはずの魂に届くということを知っていなければならない。すでに幽界の住人となった霊魂と生きている我々人間の関係が、切れることなく因縁となって何代にもわたって残ることもあるようだ。これらのことを知ったからといって、上辺だけ取り繕って良い人ぶったりプラス思考を試みたりするのは愚の骨頂だ。それでは私そのものではないか。私はこの同類の感応の道理を知った時、それをしてしまった。急に良い人ぶった演技をした。地球をちゃぶ台返しにしたいと思ったくせに。でも性格上演技が保てたのはせいぜい一日だ。飽きっぽい性格の私でもある。霊界を誤魔化すことはできない。何たって、素っ裸のストレートな世界が霊界なのだ。どんなに上手な演技をしても瞬時に見抜かれる。見抜かれるというより、感応の世界なので、同じ物にしか感応しないはずだ。霊界の法則上、前世の記憶は全て消されて輪廻転生を繰り返しているのが我々人間なので、記憶は全くない私ではあるが、霊界も、霊界の一部に属する幽界も、全て存在していることを確信している。

また、ごくごく僅かではあるが、神の保護の下で、霊界と人間界を行き来している人達も実際にいる。

私はというと、霊能者や宗教家が体験する驚くような大きな霊体験はなく、ごくごく普通のどこにでもいる一般人である。だが、何故、霊界の存在を確信しているのかというと、様々なことを多く見聞きしていると、神はいない、人間は死ぬとそれで全て終了、霊界はない、となると、むしろその方が辻褄が合わなくなってくることを知っているからだ。独りよがりだと言われればそれまでだが。ただ、本当に神も霊界も存在はしないのであるならば、神はいるかいないか、霊界は有るか無いか、などとの議論になるはずがないと思うのだ。遠い昔からそうした疑問が湧いて議論になるということは、神が存在しているから議論が起こるのだ。全く存在しないのなら、そもそも議論は起きようがないのだと思う。そして、星を見れば、月を見れば、この大宇宙を見れば、何かとてつもなく大きな、人間などには到底想像すらもできない、近よることすらできない何かが有ると考えるのだ。そもそも我々全ての人間にそうそう簡単に見えたり理解できたりする、そんな単純で薄っぺらい霊界や宇宙であるはずはないと考えるからだ。ただ単に意味もなく人間が生まれ、死ぬと灰と煙になって終わるなど、そんな単純な世界だと到底思えないのだ。どれ程発展した今の科学が宇宙の姿を捉えたとしても、アリが象の足の爪を見て恰も象の全てを知ったかのような捉え方となる。ましてや神界の世界ともなると、人間界で使用される言葉を国語学者がどれ程かき集めたとしても、一般の我々のような人間が表現できるようなそんな次元の世界ではそもそもないと、失礼ながらそう思っているからだ。

昔を振り返って考えてみると、小学校に入学すると勉強も運動会も全てが競争だった。中学・高校ではそれらの競争は更に激しくなり、進学も就職も競争が当たり前の世の中なのだと知った。

大人になり、出世の競争にもってきて金儲けの競争も加わり、はたまた、会社同士の激しい売上げ競争の世界が待ち受けていた。挙げ句の果てには、国同士の経済競争や軍事競争にそして戦争も加わりで、競争一辺倒の世界となったが、これらの価値観に疑問すら無い世の中なのだ。又、損得勘定第一優先故の競争に勝つには、これらのことに対して、反省の心や疑問や想像力は全くもって不要なのだと知った。競争に負けた、次は必ず勝たなければならない、次に勝つ為にはどうすればよいのかという、自分の我欲の為の反省と疑問と想像を、最大限に使わなければならないことも知った。
だが、これらの価値観こそが、他でもない幽界そのものの価値観ではないのか。

　魂を本来の美しいものに戻す為の輪廻転生を繰り返すはずなのだが、この場所の考え方として、本来の美しい魂に戻す為に必要不可欠なものは、反省、疑問、想像の三つが基本となる。現代の発展はこの三点セットと真逆の価値観をフル活動させた故のものである。だが、我々の日々の生活はとても楽になった。多種多様な電化製品は我々の日々の生活を見事なまでに楽にしてくれる。移動手段の乗り物も豊富で、世界中どこにでも簡単に楽に行ける。科学の発展もそれはそれは目を見張ることばかりで、通信機一つ取ってもこんな楽なことはない。軍事兵器等も驚くばかりの発展なのだろう。医学の発展で今では早期のガン治療や臓器移植等でも目覚ましいものが有り、寿命も延びた。

私自身もこれらの全ての恩恵を沢山もらっているお陰で、日々とても快適に過ごしている。でも、時々、ふと思う。

発展って何なんだろう。

これら全ての発展が、競争心や金儲けの心から出たものではなく、どうすれば世の中の人が少しでも楽になり、喜んでもらえ、また助けることができるのだろうかという善の心から出たものだったら、いったいどんな世の中になっていたのだろうかと。

終章

神縁（しんえん）

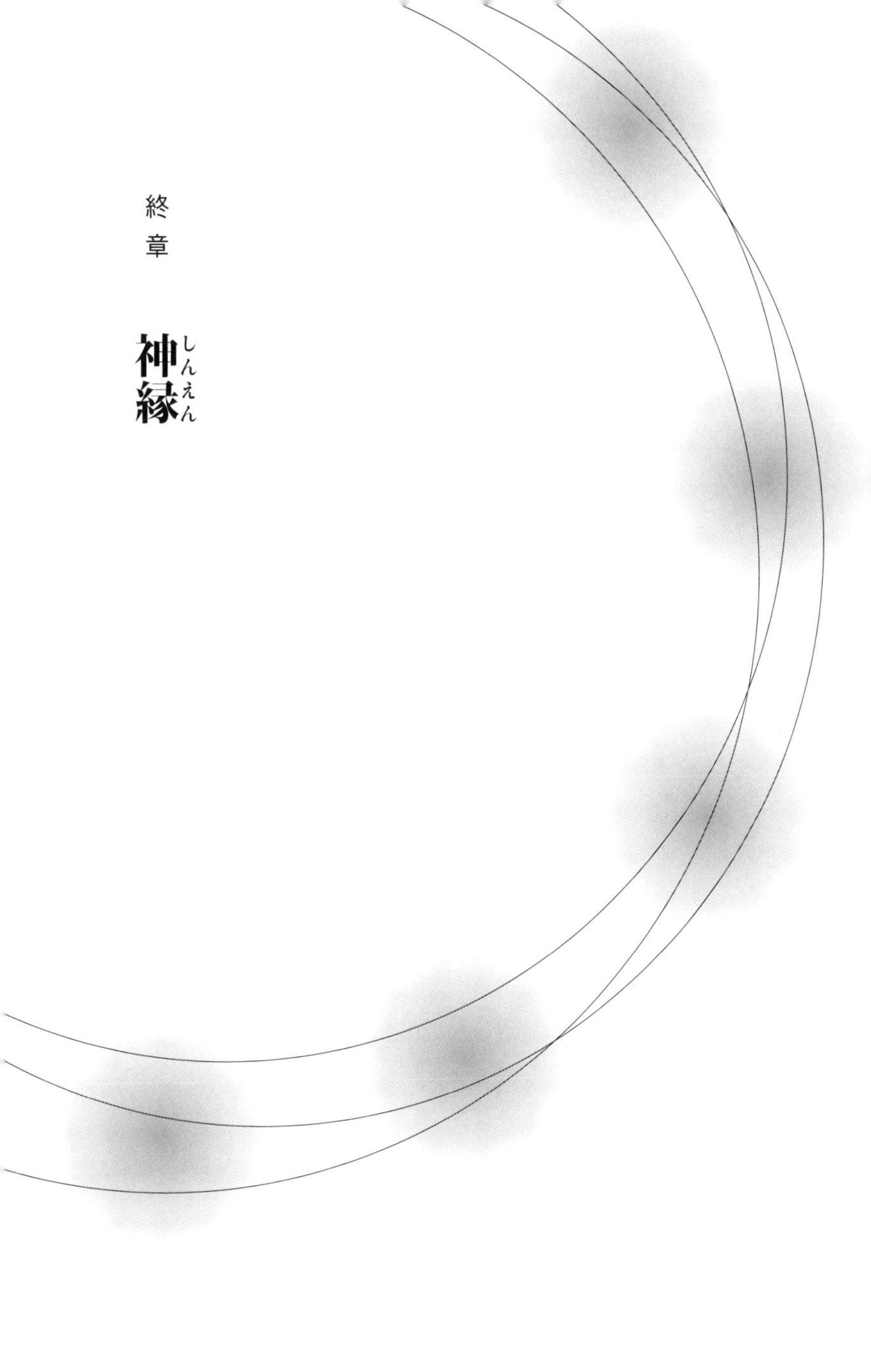

私達夫婦の神縁

　私は、宗教的なことや見えない世界などの話に対して、こちらに近よるなと言わんばかりに、ぶ厚く高い壁を築いて防御してきた。そしてそのぶ厚く高い壁は大きければ大きいほど良いことだと、考えてさえいた私だった。しかし、住職が数珠で私の腰の辺りを撫でただけで手術をするはずの子宮筋腫が消えてしまった体験をしたその瞬間、理屈抜きで、雷にでも打たれたかのように、そのぶ厚く高い壁に大きなひび割れが入ったのだ。

　そして次に、私が即席で作った天袋祭壇のお水を飲んだ夫は、大腸ガンの酷い後遺症が一晩で消滅するという体験をした。その瞬間、今度は、その大きなひび割れに命中し、ぶ厚く高い壁が一気に崩壊したのだ。

そこにもってきて、本で得た霊界の知識が追い打ちを掛け、壁の残骸すらも徐々に取り除かれていったのには、自分でも驚いた。その結果、私達夫婦の人生は大きく変わった。神の存在や霊界の存在を受け入れることで、心が軽くなり、生きるのが楽になった。

以前の私のような価値観の人達に、私達夫婦が体験したことを伝え、私達と同じように心を軽くしてもらいたいと望んでも、それは気の遠くなるほど難しいことだと、以前の自分を思い返すと即座に理解できる。

私達夫婦に起きた不思議な出来事は真実なのだが、第三者が聞くと、嘘っぽく、子供じみたアホらしい内容にしか聞こえないことも、手に取るように分かる。

それでは、次のような内容だと心の中の壁に少しはひびが入るだろうか。

私達夫婦の体験、又、本から得た知識などから、霊能者でもなく宗教家でもない一般人の私が理解した霊界の仕組みを、思うままに、ほんの一部分ではあるが書こうと思う。

神の世界をとてもとても大きく分けると、存在そのものが善の正神と、存在そのものが悪の邪神が有るはずだ。善の正神の中にも様々な神々の存在が有るはずだが、人間を守護する守護神の存在をまずは挙げなければならない。基本的には、一柱の守護神が一人の人間の一生を守護すると捉えている。

存在そのものが善の守護神という観点からすると、生きている人間の考え方一つで守護神を遠ざけたり、逆に、守護神との結び付きが濃くなったりする場合もあるだろう。

そして次に、存在そのものが悪である邪神の中にも、様々な邪神があるはずだが、中でも我々生きている人間に一番近い存在の、成仏できていない魂の存在を挙げる必要が有る。

成仏できないままの霊魂の住む世界を中有会や幽界というが、幽界での生活が長くなるに連れ、悪霊に進化する場合が有るはずで、生きている人間の考え方次第で悪霊を遠ざけたり、悪霊に恨まれたり、悪霊の手のひらで弄ばれることになるはずだ。

一人の人間の人生の大きな区切りとなる出来事は、正神や守護神との縁から起こる場合が有る。又、一人の人間が悪に手を染める時、邪神や悪霊と感応するが故に、更に悪事を犯すこともある。正神との繋がりの糸も、邪神との繋がりの糸も、両方ともそれを神縁とこの場所では捉えているのだが。

我々人間は、まるであやつり人形のように、正神や邪神との糸であやつられ、動かされて一生を生きていると、そう自分自身の体験を通して知ることができた。そして、正神との糸の方が多いのも自分次第。邪神との糸の方が多いのも自分次第だ。正神や邪神のせいではなく、全て自分自身の考え方次第で感応する、誤魔化しが利かないのが霊界というところのはずだ。

そして重要なのは、正神との糸なのか、邪神との糸なのかは、自分が判断する以外ないということである。その為には、厳しいまでに客観的に自分を見つめる心を持たなければならず、自分に対する疑問と想像と、そして強い自己反省の三つの心が必要となる。

この辺りで、私達夫婦に起きた不思議な出来事と、そして、それに大きく関わった姉と住職の存在を再び考えてみたい。

私達夫婦に起きた不思議な出来事の意味について、私達はこのようなアホらしいまでも有り得ない現象が起こらなければ、神だの霊界だのという見えない世界を信じない非常に頑固な夫婦のままだっただろうという捉え方をしている。

それでは、姉と住職の糸はどういう糸だったのだろう。

私は子供の頃から胡散臭い姉に対して、常に猜疑心を抱いていた。そんな姉の知り合いの住職という人物も、どうせ似たり寄ったりの男だろうと想像していた。この辺りの自分自身の心を掘り下げて考えてみると、私は姉と住職に、ただただ騙されたくなかったのだ。騙されるということは負けた気持ちになり、プライドがズタズタになることだと考えていた。同じ騙されたくないという気持ちでも、次のような考え方だと全く違ってくる。

それは、自分が騙されることでますます相手に罪を作らせてしまうということだ。何としてでも騙されないようにし、これ以上相手の罪を大きくしてはいけない、という考え方だ。低級霊や邪神とのかかわりから招いた困難を、学びの為の困難だったと心の底から思えたなら、低級霊や邪神の存在価値を上げられるはずだ。存在価値を上げることで中有界や幽界が少しでもキレイになるとどんなに良いだろうかと思う。

どちらの考え方が正神との糸の神縁で、どちらの考え方が邪神との糸の神縁なのかは各々が考えることだ。その観点からも、姉と住職の各々が、どういった糸との縁だったのか、掘り下げて考えなければならないと思う。

そして更に重要なのは、人間に起こる大小の問題には必ず全て、災いが有って学びが有るという二つが必ずセットになっていることだ。困難の先に光が有るように、困ったことを乗り越えれば成長が待っているということは、魂の成長に他ならない。困難を乗り越えることで人は成長をするという、言い廃れた珍しくもない考えではあるが、実は人間がみんなこれらのありふれた考えに背を向けたことを、今の世の中が証明している。

このありふれた考え方を真に自分のものにできたなら、何故、邪神にも正神と同じ神という字が付いているのかを知ることになるはずだ。ここが理解できると真に心が軽くなる。真に心が軽くなると、真に世の中に役に立つ自分になれるものだが、これは、本書「はじめに」にある、ここでいう神縁とは魂（心）の浄化と成長に不可欠となる「災い」のことを指す、に戻り着く。そして更に気付いたことは低級霊や邪神とのかかわりから招いた困難は、実は学びの為の困難だったのだと、そう心の底から思えたなら、低級霊や邪神の存在価値を上げることになるかもしれない。存在価値を上げることで、中有界や幽界が少しでも良くなるのなら、御の字ではないか!! こんな自分なのに霊的なお役に立てるとしたら、有り難いばかりだ!! またもや、ラッキーガールじゃないか!!

自己を責めず、自己反省を

自分を責めるという行為と、自己反省という行為を比べ、その違いを考えてみなければならないと思う。

この二つは、一見似ている風にも見えるが、実際は真逆の感情の場合が多いように思う。この二つの感情を霊的な観点で見た時、マイナス思考故の自分を責めるという感情と、自己反省というとても強いプラス思考故に、幽界まで落ちてしまった霊魂と自分自身の関係すらも、学びに変えられるという捉え方について、考えてみたい。

自分を責めるという、一見、自己反省と似ている行為を自分自身が掘り下げて考えてみた時、結局は、自分は悪くない、と自分を密かに肯定していることに行き着く場合が多いのではないかと思うが、どうだろう。傲慢とは全く違い、自分を強く否定する為、自己反省と混同する人が多いが、全く別物だと思うのだ。この、自分を責めるという感情を更に深く掘り下げ、自分の心の中のプライドというフタをグィーとこじ開けてよくよく見てみると、自分は悪くない、どころか、勝ち負けの競争の感情故の妬み嫉み、僻み、そして、恨み辛み等、それはもう正に幽界そのものの、暗くてドロドロとしたものがあるのではないだろうか。自分の心の奥に潜んでいるその憎悪の心こそが、幽界の霊魂と感応した自分の本心ではないのだろうか。言い方を変えると、幽界の霊魂にとって居心地の良い肉体を提供してしまったともいえる。又は、居心地の良い肉体としていつの間にか占領されて、自由にコントロールされているともいえる。

このような状態が長く続くと、引きこもりや重大な事件を起こすケースも世間では多々有る。重大事件とまではいかなくとも、幽界の霊魂と感応し、そして肉体を占領され、引きこもりの生活になるケースはそう珍しいことではないはずだ。一度そうなると、元の生活に戻るのは容易ではない。それは、幽界の霊魂がやどかりのように人間の肉体に住み続けるからだ。このような状態に陥った時、我々はどうするべきなのだろうか。

その答えとして登場するのが自己反省だと、私は考えている。当然、それを用いたからといってスタコラさっさと人間から離れる霊魂ではないはずである。それは霊魂が執念深いからではなく、自己反省という作業が簡単そうで、実はとんでもなく難しい作業だからだ。自己反省とは名ばかりで、表面上のパフォーマンスだと、自ずと霊魂と感応するから厄介だ。誤魔化しの一切利かない世界が霊界なのだ。正に、類は類を呼ぶのだ。

自分の肉体を占領した霊魂が悪いのではなく、それらの霊魂を引き寄せた自分自身の考え方に大きな問題が有ったのかもしれないと、客観的観点から自己反省に立ち向かうこととなるはずだ。つまりは、自分で蒔いた種は自分で刈り取るという基本に戻らなければならない。自己反省をしたが何も変わらないと思うなら、自己反省をしたつもりだけなのかもしれないと、更に厳しく自己反省をすることだ。
霊魂との感応が徐々に減ってくると、心が軽くなり、その人間の顔つきや雰囲気までもが変わってくる。自分自身が本物の自己反省というプラス思考ができるようになると、成仏できていないマイナス思考の霊魂にとってその肉体が居心地が悪くなり、脱出するからだ。だから容貌が変わるのだ。

「なァ〜んだ、自分自身に問題があったから問題を起こしてしまったのかァ〜。いつも周囲のせいにしていたけど、本当は、全て、自分で蒔いた種の結果だったのかァ〜。随分と周囲に迷惑を掛けてしまったけど、自分で蒔いた種は自分で刈り取るぞ!!」

と、そう笑顔で心の底から本物の自己反省ができた日には、あらァ〜不思議!!　目の前が急に明るくなり、心が妙に軽やかになる。人が蒔いた種までついでに刈り取ってあげたくなるくらいだ。大きなお世話だが。

こんなことを書くと、実に子供じみていてアホらしくて信じられるか、とそう思うそこのアナタ様に是非ともやって欲しい!!　このワガママバアさんも、まだまだほんの少しだが自己反省(じこはんせい)らしきものができるようになった。それを思えば、世の中の人達全員(ひとたちぜんいん)が必(かなら)ずできるに決まっている。頭にパンツのワガママババアさんが少しだが出来るようになったのだから。自己反省は楽しいものだ。

目の前が明るくなり心が軽(かろ)やかになれば、おのずと世の中に役に立てる自分になれるから不思議だ。そんな体験を一人でも多くの人にしてもらいたいと願っている。

完

おわりに

本の出版に当たり、最後にこのような楽しさが私共を待ち構えていようとは、露ほども知りませんでした。今時の物が全く使えない私共に対し、スタッフの方がお電話とお便りでやり取りを何度もして下さり、無事、出版に漕ぎ着けることができました。お陰で、製本に至るまでの約八ヶ月間の楽しさは格別で、私の心は青空を自由に飛ぶ鳥のようでした。今までと同様今後もスタッフの方にお目に掛かることはないかもしれませんが、それはそれで神秘的な楽しさがずーっと続きます。又、ひょっこりお目に掛かれることになりましたら、それはそれで情熱的な喜びがずーっと続きます。思い掛けず、一度に二つも三つも楽しみを頂くことになりました。沢山のスタッフの皆様に心より深く感謝申し上げます。

二〇二四年三月吉日

塩谷灯子

〈著者紹介〉
塩谷 灯子（しおや とうこ）
1954年生まれ。短大卒業後、ウエディング・レストラン事業会社に就職と同時に入籍。出産を機に退職した。夫の転勤に伴い九州に住んで35年となる。

神縁（しんえん）
心を裸に（こころをはだかに）

2024年3月22日　第1刷発行

著　者　　塩谷 灯子
発行人　　久保田貴幸

発行元　　株式会社 幻冬舎メディアコンサルティング
〒151-0051　東京都渋谷区千駄ヶ谷4-9-7
電話　03-5411-6440（編集）

発売元　　株式会社 幻冬舎
〒151-0051　東京都渋谷区千駄ヶ谷4-9-7
電話　03-5411-6222（営業）

印刷・製本　中央精版印刷株式会社

検印廃止

Printed in Japan
ISBN 978-4-344-69063-9　C0095
幻冬舎メディアコンサルティング HP
https://www.gentosha-mc.com/